insel taschenbuch 2582

Knigge für jedermann

Sottrum, den 15.7.2000

Liebe Maike,

lang überlegte ich, ob es sich mir "gebühret", Ihnen dieses Stück Lebenserfahrung des Herrn Knigge zu schenken, oder ob das Buch für mich nicht viel mehr von Nöten ist.
Ich beschloß, ein zweites Exemplar für mich zu kaufen.

Bitte zum Verständnis von vorne lesen, nicht einzelne Kapitel herauspicken.

Alles Gute für Ihren Lebensweg und vielen Dank für Ihren Einsatz!

M. Pael

Vor gut 200 Jahren erschien erstmals das Buch »Über den Umgang mit Menschen« und fand von da an ein breites Lesepublikum. Rasch wurde das Buch zu einem Bestseller und hat den hannoverschen Landedelmann und Schriftsteller, Philosophen und Pädagogen Adolf Freiherr von Knigge berühmt gemacht. Sein Name wurde zum Synonym für Fragen der Etikette. Das hätte sich Knigge kaum träumen lassen, denn ihm lag kaum etwas ferner als ein Komplimentierbuch, vielmehr wollte er ein Erziehungsbuch unter die Leute bringen, das die Moral- und Tugendbegriffe fördern sollte. Er wollte »Vorschriften zu einem glücklichen, ruhigen und nützlichen Leben in der Welt und unter den Menschen« geben. Knigge hat in späteren Jahren demonstrativ sein Adelsprädikat abgelegt, er fühlte sich als Aufklärer, der mit Wort und Tat Licht in finstere Zeiten brachte.

»Knigge für jedermann« ist ein Lesebuch, ein Konzentrat aus Knigges Hauptwerk und gibt einen Überblick über seine biographische Entwicklung.

Knigge für jedermann

Vom Umgang mit Menschen

Herausgegeben von
Jörg-Dieter Kogel

Insel Verlag

Der Text der vorliegenden Ausgabe folgt dem 1996 im Insel-Hauptprogramm erschienenen Titel: Knigge für jedermann. Vom Umgang mit Menschen. Herausgegeben von Jörg-Dieter Kogel. Umschlagabbildung: Mauritius

insel taschenbuch 2582
Erste Auflage 1999

Hinweise zu dieser Ausgabe am Schluß des Bandes
Vertrieb durch den Suhrkamp Taschenbuch Verlag
Umschlag nach Entwürfen von Willy Fleckhaus
Satz: MZ, Verlagsdruckerei GmbH, Memmingen
Druck: Nomos Verlagsgesellschaft, Baden-Baden
Printed in Germany

1 2 3 4 5 6 – 04 03 02 01 00 99

Inhalt

Roman meines Lebens –
Wege eines Menschenkenners

Adolph Franz Friedrich Ludwig Freiherr von Knigge wurde am 16. Oktober 1752 auf dem väterlichen Gut Bredenbeck bei Hannover geboren. Dort verlebte er seine Kindheit und genoß eine ganz standesgemäße Erziehung durch verschiedene Hauslehrer, darunter auch Johann Adolf Schlegel, Vater der später so berühmt gewordenen Gebrüder Schlegel. Als er zehn Jahre alt war, starb seine Mutter, nur ein Jahr später auch sein Vater, der das familiäre Vermögen als adliger Lebemann mit Hang zur Verschwendung verzehrt hatte und dem Sohn nur Schulden hinterließ. Um die Gläubiger zu befriedigen, mußten die Güter verkauft werden. Dem jungen Knigge blieb lediglich eine sparsam bemessene Rente, die es ihm immerhin erlaubte, 1769 die Universität in Göttingen zu beziehen, um dort Jurisprudenz und Kameralwissenschaften zu studieren. 1770 erhielt er auf Vermittlung seines Onkels eine Stelle als Hofjunker und Kammerassessor am Hof des Landgrafen von Hessen-Kassel, wo er das intrigante Leben eines kleinen deutschen Fürstentums kennenlernte. Der Regent übertrug ihm das Direktorium der hessischen Tabaksfabriken, eine Stimme in der Kriegs- und Domänenkammer und ernannte ihn zum Mitglied der Gesellschaft zur Beförderung des Ackerbaus. In diese Zeit fielen auch Knigges erste Kontakte zur Freimaurerei und sein Eintritt in eine Loge der Strikten Observanz. Unter nicht ganz geklärten Umständen mußte er 1775 seinen Abschied nehmen und wandte sich – allerdings vergeblich – mit der Bitte um Anstellung an die Höfe in Weimar und Berlin. 1777 gelangte er an den Hof des hessischen Erbprinzen in Hanau, wo er das Hoftheater leitete, mit ersten schriftstellerischen und kompositorischen Versuchen begann und das Leben eines Höflings führte. 1780 zog Knigge mit seiner Familie nach Frankfurt und entfaltete von dort aus für den Illuminatenorden, in den er zwischenzeitlich aufgenommen worden war, höchst erfolgreich eine rege Tätigkeit. Nach einer weiteren Zwischenstation in Heidelberg (1783 – 1786) siedelte die Familie 1787 nach Hannover über, vor allem in der Hoffnung, das väterliche Erbe zu retten und die verlorengegangenen Güter zurückzugewinnen. Als auch diese Pläne sich zerschlugen, trat Knigge im Dezember 1790 seine erste und zugleich letzte Stelle im Staatsdienst an. In der Freien Reichsstadt Bremen oblag ihm als Oberhauptmann und Scholarch die Aufsicht über die Domkirche, die Domschule und das Convictorium. Hier wie schon auf den vorangegangenen Stationen seiner Lebensreise macht der Freiherr stets dieselbe Erfahrung: Einem glänzenden Anfang, der ihm Wohlwollen, Erfolg und Freundschaft einträgt, folgen oft genug der Sturz und der Abschied. Verbittert haben ihn derlei Lebenserfahrungen gleichwohl nicht. Eher schärften sie eine ausgeprägte Überlebenskunst, mit allerlei schwierigen Lebenslagen fertig zu werden, denen er nach eigenem Zeugnis sogar angenehme Seiten abgewinnen konnte. »Ich bin«, schrieb er einmal, »von jeher ein sehr geselliges Geschöpf gewesen, habe mich gerne unter Menschen von allerlei Ständen gemischt. Das ist das Mittel, die allgemeine Sprache des Umgangs zu lernen und eine gewisse Geschmeidigkeit zu erlangen, wodurch wir uns und andern dies Erdenleben sehr erleichtern.«

In großer Welt und höfischen Diensten

Ich liefre hier die Geschichte eines Mannes, der mit dem Grundsatze in die Welt tritt: »daß Jeder glücklich sein und seine guten Zwecke durchsetzen könne, der immer weise und immer redlich handelte«. Bei allen Schritten, die er thut, scheint indessen dieser Grundsatz zur Lüge zu werden. Er wird oft, bei dem Bewußtsein der größten Rechtschaffenheit, miskannt; edle Plane werden ihm vereitelt; Unwürdige Bösewichte nehmen ihm vor dem Munde weg was er verdient hätte, und mit Recht fordern konnte. Seine Klugheit und Vorsicht vermögen nichts gegen Schlauigkeit und Kabale. Er wird von dümmern Menschen überlistigt. Sein Leben ist ein Gewebe von Not, Kummer, Verfolgung und Krankheit; Er stirbt endlich – Sie werden hören [...].

Wenn wir dem Gange nachspüren, und die Triebfedern erforschen, welche uns zum Handeln bestimmen, Wenn wir sehen, welchen Einfluß Erziehung, Schicksale, Körperbau, Gesundheit, die Lagen darin wir kommen, äußere Umstände und unzählige andre Dinge auf unsre Richtung und auf die Art haben, wie wir uns in einzelnen Vorfällen betragen; dann werden wir wahrlich oft gestehen müssen; daß der, welcher allgemein als der tugendhafteste Mann bekannt ist, bei gleichen Verhältnissen und Zusammentreffung derselben Umstände, grade eben so würde gehandelt haben, als der Bösewicht, welchen wir unter dem Schwerte der Gerechtigkeit fallen sehen; Wir würden gestehen müssen, daß wir vielleicht zehmal törichter als der Mann, den wir verachten, handeln würden, wenn wir dazu dieselbe Reizung als er, oder wenn wir dieselbe Erziehung genossen hätten. Wer daran zweifelt, der kennt das schwache menschliche Herz nicht; der hat noch nie mit gehöriger Treue sich selbst untersucht, und sich gefragt, wie viel Anteil äußere Umstände an seinen hochgepriesenen edlen Handlungen hatten – Welche kräftige Veranlassung zum Duldungsgeist! Ihr sehet einen Mann, im Überflusse erzogen; in der Jugend bewacht, bei jeder Gelegenheit gewarnt, entfernt von gefährlicher Reizung und von Verführung, Aller Augen auf ihn geheftet, mit Sorgfalt und Mühe gebildet unterwiesen, jede Anlage in ihm ausgebauet, nachher in Lagen versetzt, wo alles ihn aufrief, als ein verständiger und guter Mann zu handeln [...].

Die äußerst verwickelten Schicksale, die mich von der Wiege an verfolgt und den schönen Frühling meines Lebens mir so rauh gemacht haben, hätten mich längst zu einem Menschenhasser machen müssen, wenn nicht von einer Seite ein glücklicher Leichtsinn mit in mein Leben verwickelt wäre, der mich bei jeder kleinen folgenden Freude des wandelbaren Lebens das überstandene Ungemach vergessen macht; von der anderen aber die Kenntnis des menschlichen Herzens mich Toleranz gelehrt hätte. Indessen hatte ich es mir zum Grundsatze gemacht, meinen Kummer immer in meiner Seele zu verschließen und nicht zu klagen, weil mein fühlender Freund, wenn er nicht helfen kann, alsdann, neben seiner eigenen Bürde, nicht noch die meinige aufzuhokken nötig hat, und dann, weil wenige sind, die nicht einen kleinen Schritt zurückträten von dem Bedrängten.

Ich trat als ein sehr junger Mensch, beinahe noch als ein Kind, schon in die große Welt und auf den Schauplatz des Hofes. Mein Temperament war lebhaft, unruhig, beweg-sam, mein Blut warm; die Keime zu mancher heftigen Leidenschaft lagen in mir verborgen; ich war in der ersten Erziehung ein wenig verzärtelt und durch große Aufmerksamkeit, deren man meine kleine Person früh gewürdigt hatte, gewöhnt worden, sehr viel Rücksichten von andern Leuten zu fordern. In einem freien Vaterlande aufgewachsen, wo Schmeichelei, Verstellung und ein gewisses kriechendes Wesen nicht sehr zu Hause sind, hatte man mich freilich auch nicht zu jener Geschmeidigkeit vorbereitet, deren ich bedurfte, um, unter mir ganz fremden Leuten, in despotischen Staaten große Fortschritte zu machen; auch ist der theoretische Unterricht in wahrer Weltklugheit bei der Jugend teils selten mit Erfolge, teils nicht immer ohne Gefahr zu erteilen; eigene Erfahrung muß da in der Folge das Beste tun. Diese Lektionen, wenn man das Glück hat, wohlfeil daran zu kommen, sind von der heilsamsten Wirkung und prägen sich tief ein.

In den ersten Jünglingsjahren gab ich mich unbedachtsam jedem ausschließlich, einzeln und ganz hin, der sich meinen Freund nannte und mir einige Zuneigung bewies, wurde oft schändlich betrogen und in den süßesten Erwartungen getäuscht; nachher war ich jedermanns

Freund, bereit jedem zu dienen, und dann schloß sich niemand mit ganzer Seele an mich, weil niemand mit dem kleinen, in so viel Partikeln geteilten Stückchen Herzen vorliebnehmen wollte. Wenn ich zu viel erwartete, wurde ich getäuscht; wenn ich ohne allen Glauben an Treue und Redlichkeit unter den Menschen umherrannte, hatte ich gar keinen Genuß, nahm an gar nichts teil. Nie aber verbarg ich meine schwachen Seiten so sorgfältig, als ich hätte tun sollen. – Und so vergingen dann die Jahre, in welchen ich hätte mein Glück machen können, wie man das gewöhnlich nennt. Jetzt, da ich die Menschen besser kenne, da Erfahrung mir die Augen geöffnet, mich vorsichtig gemacht und vielleicht die Kunst gelehrt hat, auf andre zu wirken, jetzt ist es zu spät für mich, diese Wissenschaft in Anwendung zu bringen.

Zuerst war ich zu sorglos, zu offen, gab mich zu unvorsichtig hin, und schadete mir dadurch. Alsdann nahm ich mir vor, ein feiner Hofmann zu werden. Mein Betragen wurde gekünstelt, und nun traueten mir die Bessern nicht. Ich war zu geschmeidig, und verlohr dadurch äussere Achtung und innere Würde, Selbständigkeit und Ansehn. Erbittert gegen mich und andre, riß ich mich dann los, und wurde bizarr. Dies erregte Aufsehn, die Menschen suchten mich auf, wie sie alles Sonderbare aufsuchen. Dadurch aber erwachte mein Trieb zur Geselligkeit wieder; ich näherte mich auf's Neue, lenkte wieder ein, und nun verschwand der Nimbus, den nur meine Abgezogenheit von der Welt um mich hergezogen hatte. In einer andern Periode spottete ich der Torheiten, zuweilen nicht ohne Witz. Man fürchtete mich, aber man liebte mich nicht. Dies schmerzte mich. Um das wieder gut zu machen, zeigte ich mich von der unschädlichen Seite, entfaltete ein liebevolles, wohlwollendes Herz, unfähig zu schaden und zu verfolgen – und die Wirkung davon war, daß jedermann, der noch einen Rest von Groll auf mich, oder irgend einen lustigen Einfall von mir auf seine Rechnung geschrieben hate, mir itzt auf der Nase spielte, sobald er sah, daß ich nur mit Rappieren und nicht mit Schwertern focht, daß meine Waffen nicht zum Morde geschliffen waren.

Sie wissen, daß ich in meinem 19. Jahre in Kassel an einen äußerst intriganten Hof kam. Die Gunst der Herrschaften, die aber mit einander uneinig lebten; das Heer schlechter Leute, Günstlinge, Neider, Projektmacher, mit denen ich täglich umging, die ich verachtete, die ich Unerfahrener glaubte stürzen zu müssen; Laster, die ich bekämpfte; Torheiten, über die ich lachte; Dummheit in der Hülle der Weisheit, die ich entlarvte und dann verspottete, – das Alles machte mich zu einem wichtigen Menschen. Weil ich aber fremd, ohne Schutz, ohne List und Erfahrung war, so sah ich mich auf einmal mit Feinden und Verleumdern umgeben, zurückgesetzt und ohne Hoffnung, irgend einen Plan auszuführen. Ich verließ also endlich den Kampfplatz und sah mich nach einem anderen Wohnorte um.

Ich habe einen Teil meiner Jugend dem Fürsten-Dienste aufgeopfert. Ich war bei Kammer-Kollegien und bei Höfen angesetzt, fand aber nicht nur, daß mein ganzes Wesen nicht dazu gemacht ist, auf diese Art mich und Andre glücklich zu machen, sondern daß überhaupt die wenigsten bürgerlichen Einrichtungen ihren ersten Zweck erfüllen, daß wenige von denen, die dem Staate dienen, würklich *der Menschheit* dienen. Ich nahm also meinen Abschied, und da ich so viel Vermögen habe, um mit den Meinigen mäßig zu leben, so glaubte ich in einem ruhigen Privat-Leben vielleicht mehr Gutes um mich her verbreiten zu können, als wenn ich irgendwo einmal Staats-Minister geworden wäre.

Es ist etwas in mir, das mir sagt, Gott, der liebreiche Vater, habe mich zum Wirken, Ringen und Kämpfen in diese Welt gesetzt, habe mir die Vernunft, den Ausfluß seines Wesens gegeben, um zu handeln, abzuwägen, andre zu lenken, habe mich in so manche Verbindungen verwikkelt, um darin nützlich zu werden, diese Welt sei nicht zum Spekulieren, nein zum Wirken also da, und das gehöre in den harmonischen Plan der Schöpfung – Ach! und so tue ich denn nach bester Überzeugung, was ich kann.

Ein privatisierender Gelehrter: Frankfurt, Heidelberg, Hannover

Es ist sehr süß, sowohl in der Stadt als auf dem Lande, wenn man mit lieben, wackern, Nachbarn eines zwanglosen, freundschaftlichen und vertraulichen Umgangs pflegen darf. Es kommen im menschlichen Leben so manche Fälle, wo augenblickliche kleine Hülfe uns Wohltat ist, wo wir uns, zur Erholung von ernsthaften Arbeiten, wenn Sorgen uns drücken, nach der Gegenwart eines guten Menschen sehnen, den wir nicht erst weit zu suchen brauchen – also vernachlässige man seine Nachbarn nicht, wenn sie irgend von geselliger, wohlwollender Gemütsart sind! Ich habe die Wohltat eines solchen Umgangs drei Jahre hindurch in meiner Einsamkeit bei Frankfurt am Main geschmeckt, und werde mich lebenslang mit Dankbarkeit und Freude der fröhlichen Stunden erinnern, die mir an der Seite einer liebenswürdigen Familie, die neben mir an wohnte, nur zu schnell entflohen sind. Da war es, wo die verständigen und muntern Gespräche dieser edeln Leute mich aufheiterten, mich wieder mit den Menschen aussöhnten, mich so manches Ungemach vergessen machten!

O liebes, herrliches Heidelberg! Hier mögte ich leben und sterben, und besonders an der Seite des göttlichen Mannes, der uns auf Ihre Empfehlung so liebevoll aufgenommen hat. Sein freier, seelenvoller Blick, sein edler Anstand, seine lieblichen Gespräche, voll warmes Feuers für alles Gute, voll Weisheit, Feinheit, Gelehrsamkeit und Scharfsinn. [...] Dann die Gegend; der Anblick vom hohen zertrümmerten Schlosse hinunter; der eingestürzte Turm; Unten die Stadt am Neckar; die weite Gegend; die majestätischen Gebirge; Waldungen, Weinberge; der Wolfsbrunnen – O! man muß es gesehen, muß aber auch Sinn für so etwas haben [...].

Ich fand meine Güter, mein sehr ansehnliches Vermögen, durch eine Rotte von Bösewichtern seit 23 Jahren in der besten Form Rechtens, unter dem Schutze der heiligen Justiz, auf beispiellose Weise verwaltet, geplündert, unter dem Vorwande, meine väterlichen Schulden durch diese Sequestration zu tilgen, womit man aber noch sehr wenig fortgerückt war. Alle meine Mühe, die Sequestration aufzuheben, war vergebens; man hatte meine lange Abwesenheit nur zu gut benutzt, um sich mächtigen Schutz zu erkaufen. Endlich fing ich an zu toben, zu drohen, verklagte das Ministerium bei dem Könige; es kamen herbe Verweise und geschärfte Befehle von London, worüber man aber in Hannover lachte. Nun war ich im Begriffe, selbst nach England zu reisen. Schwerlich würde mir das etwas geholfen haben; indessen schien man doch diesen Schritt bedenklich zu finden. Um mich also ein wenig zu beruhigen, gab man mir die Oberhauptmannschaft in Bremen; mit meinen Gütern blieb es beim Alten.

Oberhauptmann in Bremen

Es ist eine Zeitlang wirklich Ton gewesen, in manchen Journalen von der Reichsstadt Bremen wie von einem Orte zu reden, wohin die Aufklärung noch gar nicht gedrungen wäre und wo die Menschen für nichts wie Geld-Gewinn, Essen und Trinken und alten, reichsstädtischen Bocksbeutel Sinn hätten. Ich weiß nicht, ob irgendein paar schöne Geister, deren großen Verdiensten man vielleicht hier nicht volle Gerechtigkeit hat widerfahren lassen wollen, sich durch dergleichen Schmähungen an dem Publico zu rächen gesucht haben; aber das weiß ich, daß die guten Bremer, teils aus Bescheidenheit, teils weil sie es nicht für der Mühe wert gehalten, auf jene Beschuldigungen nicht viel geachtet haben und ihren stillen Gang fortgegangen sind.
Wenn wahre Aufklärung darin besteht, daß die Menschen bei Ausbildung ihres Verstandes vorzüglich die Anwendung ihrer Kenntnisse auf ihren Beruf im bürgerlichen Leben vor Augen haben; wenn man einer Stadt nicht den Vorwurf von Barberei und Verfinsterung machen darf, wo es eine Menge wahrhaftig gelehrter und in allen Zweigen nützlicher Wissenschaften erfahrner Männer gibt; wenn derjenige Grad von Kultur der wünschenswerteste ist, welcher nicht auf Unkosten der Sittlichkeit und echter teutscher Redlichkeit erkauft wird, so gehört Bremen gewiß unter die aufgeklärten Städte.

Am liebsten möchte ich hier in der Altstadt an der sogenannten Schlachte wohnen, wo die Ankunft und Abfahrt und das In- und Ausladen der Fahrzeuge auf der Weser einen Anblick voll angenehmer Abwechselung gewährt. Größere Schiffe können nicht bis hieher kommen; sie bleiben teils in dem kleinen Hafen bei Vegesack, teils noch tiefer unten, bei Brake, Elsfleth etc. liegen und schicken und holen ihre Waren in kleinern Barken von und nach Bremen. Ich habe vorgestern eine kleine Wasserfahrt da hinunter gemacht; allein ich finde die Ufer an beiden Seiten nichts weniger wie malerisch, gar nicht zu vergleichen mit denen am Rhein, Main, an der Elbe und Donau.

Überhaupt ist die Gegend weit um Bremen herum platt und gewährt dem Auge wenig Vergnügen. Auch gibt es vor den Toren der Stadt keine beträchtlich große und schöne Gärten, besonders keine öffentliche wie vor Leipzig, Hamburg, Wien, München und anderen Städten, wo Leute von verschiedenen Klassen sich zu gemeinschaftlichen geselligen Freuden versammelten. Zum Ruhme von Bremen aber sei es auch gesagt, daß es hier, nach Verhältnis, weniger müßige Menschen gibt. Die reichsten und angesehensten Einwohner besitzen jedoch, eine oder ein paar Meilen von der Stadt entfernt, schöne Landgüter, Häuser und Vorwerke, wo sie sich im Sommer von ihren Geschäften zu erholen und ihre Freunde zu bewirten pflegen.

Allein durchreisende Fremde haben oft gesagt, daß sie hier in Gesellschaften einen gewissen leichten Ton im Umgange, Lebhaftigkeit und Witz in der Unterhaltung vermissen – und sie haben Recht gehabt. Indessen ist diese Erscheinung nicht schwer zu erklären. Ein geschärfter Witz und eine gewisse angenehme Geschwätzigkeit sind Kinder des Müßiggangs, des vervielfältigten Studiums der schönen Wissenschaften und des häufigen Umgangs mit Fremden, die bloß aus Vergnügen reisen. Nun gibt es hier wenig unthätige Menschen, wenige, welche Schöngeisterei und Mode-Lektüre zu einem Haupt-Gegenstand ihres Bestrebens machen; endlich liegt Bremen so außer dem Striche, den die durch Europa kutschierenden müßigen Zugvögel zu nehmen pflegen, daß mehrenteils nur solche Fremde hierherkommen, die Handlungs-Geschäfte führen. Folglich werden die Köpfe der hiesigen Einwohner nicht häufig mit jenen angenehmen Kleinigkeiten und lustigen Schwänken angefüllt, sondern sind mehr auf ihre Berufs-Geschäfte und auf ernsthafte Gegenstände gerichtet. Kömmt es Ihnen aber darauf an, unter vier Augen oder in einem kleinen Zirkel verständiger Männer ein sokratisches Gespräch über philosophische Materien oder über solche, die in ein einzelnes wissenschaftliches Fach schlagen, über Politik, Handel und Manufakturen zu führen, so finden Sie dazu vielleicht mehr Gelegenheit hier wie in manchen Städten, wo jenes oberflächliche Geschwätz und eine gewisse Polyhistorei für Zeichen der feinsten Kultur gelten.

Daß hier eine seltsame Bonhomie, Treuherzigkeit, Dienstfertigkeit und Gastfreundschaft herrschen; daß Reinigkeit und Einfalt der Sitten in allen Ständen, Häuslichkeit und Familien-Band noch sehr respektiert und gehegt werden; daß der Luxus, in Verhältnis des wirklich hier anzutreffenden Reichtums, keine zu große Fortschritte gemacht hat – das alles glaube ich Ihnen schon erzählt zu haben. Die Gutherzigkeit der Einwohner äußert sich aber vorzüglich auch in wohltätigen Handlungen. Es hält gar nicht schwer, wenn die Rede davon ist, einen armen Studierenden zu unterstützen, in wenig Stunden unter einigen Kaufleuten eine Unterzeichnung zu Stande zu bringen, die ihn drei Jahre hindurch auf Universitäten gegen Mangel schützt. Ein einheimischer junger Portrait-Maler hat große Talente, erwirbt aber nicht so viel, daß er mit frohem Mute arbeiten und Fortschritte in seiner Kunst machen kann; ein guter Mann erfährt das und läßt nun, ohne eben ein warmer Liebhaber von Schildereien zu sein, dreißig von seinen Bekannten durch diesen Künstler malen. Ein Mechanicus hat eine vortreffliche Maschine erfunden; er hofft, damit den von einer Akademie ausgesetzten Preis zu erringen: Nach vieljähriger Anstrengung und großen Kosten windet ihm die Kabale den verdienten Preis aus den Händen; ein bremischer Bürger kauft ihm die Maschine ab und setzt das Ding auf den Boden seines Hauses.

Vorschriften für ein glückliches Leben – Aufklärung über den Umgang mit Menschen

Ob nun als Freimaurer oder Popularphilosoph, Schriftsteller oder Pädagoge, als Satiriker oder Staatsbediensteter: Zeitlebens blieb es das Ziel Knigges, die Aufklärung auf allen Gebieten des Lebens und Denkens gleichmäßig zu verbreiten, jenen *Ausgang des Menschen aus selbstverschuldeter Unmündigkeit* zu befördern, der nach Kants berühmter Definition den eigentlichen Hauptinhalt des Jahrhunderts bilden sollte. Nirgends ist dieses Verständnis bei ihm klarer ausgesprochen als im *Umgang mit Menschen*, der 1788 in erster Auflage erschien. Alle schöpferischen Anlagen zu entfalten, die den Menschen als Menschen auszeichnen, nicht einseitig den Verstand auf Kosten des Empfindungsvermögens, die Beobachtungsgabe auf Kosten der Denkfähigkeit auszubilden, sondern auf möglichst vielen Feldern sein Talent zu erproben und ein allseitig gebildeter und wirkender Mensch zu werden, das waren die eigentlichen Lebensziele, hinter denen Knigge seine Konzeption von Persönlichkeitsentwicklung in seinem kulturkritischen Essay versteckte. Das Buch ist zugleich Aufriß einer auf Leistung, Verdienst und Utilität orientierten Gesellschaft, zielt auf die Wiedergewinnung von Vernunft und Tugendhaftigkeit und soll dem aufgeklärten, klugen und moralischen Menschen helfen, sich in der Gesellschaft zum Nutzen und zum Vorteil aller durchzusetzen.

Grundsätze der Moral

So will ich nicht etwa ein Komplimentierbuch schreiben, sondern einige Resultate aus den Erfahrungen ziehn, die ich gesammelt habe, während einer nicht kurzen Reihe von Jahren, in welchen ich mich unter Menschen aller Arten und Stände umhertreiben lassen und oft in der Stille beobachtet habe. – Kein vollständiges System, aber Bruchstücke, vielleicht nicht zu verwerfende Materialien, Stoff zu weiterm Nachdenken.

Ich habe aber [...] nicht die Kunst lehren wollen, die Menschen zu seinen Endzwecken zu mißbrauchen, über alle nach Gefallen zu herrschen, jeden nach Belieben für unsre eigennützigen Absichten in Bewegung zu setzen. Ich verachte den Satz, daß man aus den Menschen machen könne, was man wolle, wenn man sie bei ihren schwachen Seiten zu fassen verstünde. Nur ein Schurke kann das und will das, weil nur ihm die Mittel zu seinem Zwecke zu gelangen, gleichgültig sind; der ehrliche Mann kann nicht aus allen Menschen alles machen und will das auch nicht; und der Mann von festen Grundsätzen läßt auch nicht alles aus sich machen. Aber das wünscht und das kann jeder Rechtschaffene und Weise bewirken, daß wenigstens die Bessern ihm Gerechtigkeit widerfahren lassen; daß niemand ihn verachte; daß er Frieden von außen her habe; daß man ihn in Ruhe lasse; daß er Genuß aus dem Umgange mit allen Klassen von Menschen schöpfe; daß andre ihn nicht mißbrauchen oder bei der Nase herumführen. Und wenn er ausdauert, immer konsequent, edel, vorsichtig und grade handelt, so kann er sich allgemeine Achtung erzwingen, kann auch, wenn er die Menschen studiert hat und sich durch keine Schwierigkeit abschrecken läßt, fast jede gute Sache am Ende durchsetzen. Und hierzu die Mittel zu erleichtern und Vorschriften zu geben, die dahin einschlagen – das ist der Zweck dieses Buchs.

Jeder Mensch gilt in dieser Welt nur so viel, als wozu er sich selbst macht. Das ist ein goldener Spruch, ein reiches Thema zu einem Folianten über den esprit de conduite und über die Mittel, in der Welt seinen Zweck zu erlangen; ein Satz, dessen Wahrheit auf die Erfahrung aller Zeitalter gestützt ist. Diese Erfahrung lehrt den Abenteurer und Großsprecher, sich bei dem Haufen für einen Mann von Wichtigkeit auszugeben, von seinen Verbindungen mit Fürsten und Staatsmännern, mit Männern, welche nicht einmal von seiner Existenz wissen, in einem Tone zu reden, der ihm, wo nichts mehr, doch wenigstens manche freie Mahlzeit und den Zutritt in den ersten Häusern erwirbt. [...]
Diese Erfahrung ist es, durch welche der empordringende Dummkopf sich zu den ersten Stellen im Staat hinaufarbeitet, die verdienstvollsten Männer zu Boden tritt und niemand findet, der ihn in seine Schranken zurückwiese.
Sie ist es, durch welche sich die unbrauchbarsten, schiefsten Genies, Menschen ohne Talent und Kenntnisse, Plusmacher und Windbeutel bei den Großen der Erde unentbehrlich zu machen verstehen.
Sie ist es, die größtenteils den Ruf von Gelehrten, Musikern und Malern bestimmt.

Auf diese Erfahrung gestützt, fordert der fremde Künstler für ein Stück hundert Louisdor, das der einheimische, zehnfach besser gearbeitet, um fünfzig Taler verkaufen würde; allein man reißt sich um des Ausländers Werke; er kann nicht so viel fertig machen, als von ihm gefordert wird, und am Ende läßt er bei dem Einheimischen arbeiten und verkauft das für ultramontanische Ware.

Auf diese Erfahrung gestützt, erschleicht sich der Schriftsteller eine vorteilhafte Rezension, wenn er in der Vorrede zu dem zweiten Teile seines langweiligen Buchs mit der schamlosesten Frechheit von dem Beifalle redet, womit Kenner und Gelehrte, deren Freundschaft er sich rühmt, den ersten Teil beehrt haben. [...]

Kurz! der Satz: *daß jedermann nicht mehr und nicht weniger gelte, als wozu er sich selbst macht*, ist die große Panacee für Aventuriers, Prahler, Windbeutel und seichte Köpfe, um fortzukommen auf diesem Erdballe – ich gebe also keinen Kirschkern für dieses Universalmittel. – Doch still! sollte denn jener Satz uns gar nichts wert sein? Ja, meine Freunde! Er kann uns lehren, nie ohne Not und Beruf unsre ökonomischen, physikalischen, moralischen und intellektuellen Schwächen aufzudecken. Ohne also sich zur Prahlerei und zu niederträchtigen Lügen herabzulassen, soll man doch nicht die Gelegenheit verabsäumen, sich von seinen vorteilhaften Seiten zu zeigen. »Und wenn ich sage, daß oft auch die weisesten und klügsten Menschen in der Welt, im Umgange und in Erlangung äußerer Achtung, bürgerlicher und andrer Vorteile ihren Zweck verfehlen ... so bringe ich hier weder in Anschlag, daß ein widriges Geschick zuweilen den besten verfolgt, noch daß eine unglückliche ... Gemüthsart bei manchem die vorzüglichsten, edelsten Eigenschaften verdunkelt ... Was ist es, das diesen fehlt und andre haben ... – eine Kunst, die oft der schwache Kopf, ohne darauf zu studieren, viel besser erlauert, als der verständige, weise, witzreiche: die Kunst, sich bemerken, geltend, geachtet zu machen, ohne beneidet zu werden.

Ist es wahr, daß die Haupt-Triebfeder aller menschlichen Handlungen der Eigennutz und daß auch da, wo großmütige Aufopferungen jenen Vorwurf zu widerlegen scheinen, dennoch die Beförderung des eignen Vergnügens, des eignen Genusses, des eignen, wahren oder eingebildeten Glücks heimlich im Spiele sei? Oder vermag der Mensch in seinem irdischen, sinnlichen Zustande nach höhern Bewegungsgründen, nach angebornen, unwandelbaren Gesetzen zu handeln, die, fern von aller Rücksicht auf seinen individuellen Zustand, nur die Ausübung des reinen Guten, nur die Erfüllung der Pflicht, ohne Absehn auf Erfolg und Nützlichkeit, zum Gegenstande haben? Ist dies allein Tugend zu nennen und darf nur der auf moralische Vollkommenheit Anspruch machen, der nach solchen Motiven handelt, die in allen Lagen, in allen Verhältnissen, was für Folgen auch daraus entspringen möchten, wie allgemeine Gesetze betrachtet werden müssen? Gibt es endlich solche Bewegungsgründe? – Das sind Fragen, die seit einiger Zeit wieder so oft unter den Philosophen zur Sprache kommen, daß es wohl der Mühe werth scheint, ohne Systemgeist und ohne Vorurteil, mit der Fackel der Vernunft, noch einmal diesen Gegenstand zu beleuchten, der vielleicht längst nicht mehr im Dunkeln liegen würde, wenn nicht unglückseliger Weise, durch die mystische Kunstsprache gewisser Gelehrten, die einfachsten, klarsten Wahrheiten, zu deren Ergründung nichts als ein gesunder Hausverstand erfordert wird, so entstellt würden, daß sie einen Anstrich von neuer Weisheit erhalten.

Vorschriften, welche uns auf die erlaubten Sitten der feinern Sozietät verweisen, sind freilich keine Grundsätze der Moral, sondern nur der Übereinkunft; allein eben diese Übereinkunft beruht doch darauf, daß man suche, sich und andern in einer zwangvollen Lage, deren Ungemächlichkeit wir nun einmal nicht ganz aus dem Wege räumen können, seinen Zustand so leidlich als möglich zu machen, ohne dazu solche Mittel zu ergreifen, die unsern innern Wert auf das Spiel setzen. Dieser innre Wert aber, der wie ein Schatz unter der Erde immer, auch verborgen, Gold bleibt, kann doch Witwen und Waisen nähren und Monarchen und Reiche zum Wohl der Welt in Wirksamkeit setzen, wenn er hervorgeholt und durch den Stempel der Konvention in Umlauf gebracht, wenn er allgemein anerkannt wird – anerkannt von denen, die sich auf reines Gold verstehen, und anerkannt von denen, die nur auf das Gepräge achten.

In keinem Lande in Europa ist es vielleicht so schwer, im Umgange mit Menschen aus allen Klassen, Gegenden und Ständen allgemeinen Beifall einzuernten, in jedem dieser Zirkel wie zu Hause zu sein, ohne Zwang, ohne Falschheit, ohne sich verdächtig zu machen und ohne selbst dabei zu leiden, auf den Fürsten wie auf den Edelmann und Bürger, auf den Kaufmann wie auf den Geistlichen nach Gefallen zu wirken, als in unserm deutschen Vaterlande; denn nirgends vielleicht herrscht zu gleicher Zeit eine so große Mannigfaltigkeit des Konversationstons, der Erziehungsart, der Religions- und andrer Meinungen, eine so große Verschiedenheit der Gegenstände, welche die Aufmerksamkeit der einzelnen Volksklassen in den einzelnen Provinzen beschäftigen. Dies rührt her von der Mannigfaltigkeit des Interesses der deutschen Staaten gegeneinander und gegen auswärtige, von dem Unterschiede der Verbindungen mit diesem oder jenem auswärtigen Volke und von dem sehr merklichen Abstande der Klassen in Deutschland voneinander, zwischen denen verjährtes Vorurteil, Erziehung und zum Teil auch Staatsverfassung eine viel bestimmtere Grenzlinie gezogen haben als in andern Ländern. Wo hat mehr als in Deutschland die Idee von sechzehn Ahnen des Adels wesentlichen moralischen und politischen Einfluß auf Denkungsart und Bildung? Wo greift weniger allgemein als bei uns die Kaufmannschaft in die übrigen Klassen ein? (Soll ich die Reichsstädte ausnehmen?) Wo macht mehr als hier das Korps der Hofleute eine ganz eigene Gattung aus, in welche hinein, so wie zu der Person der mehrsten Fürsten, nur Leute von gewisser Geburt und gewissem Range sich hinzudrängen können? Wo durchkreuzen sich mehr Arten von Interesse? – Und das alles wird nicht durch gewisse, dem ganzen Volke merkbare allgemeine Nationalbedürfnisse, Volksangelegenheiten, Vaterlandsnutzen konzentriert, wie in England, wo Aufrechterhaltung der Konstitution, Freiheit und Glück der Nation, Flor des Vaterlandes, der Punkt ist, in welchem sich das Streben, Dichten und Trachten so mancher originellen Charaktere vereinigt, noch wie in fast allen übrigen europäischen Ländern, die entweder unter einem einzigen Oberhaupte stehen oder durch ein einziges, allen Gliedern wichtiges Interesse beherrscht werden, wie die Schweiz, oder in welchen eine allein herrschende Religion oder ein tyrannisches Klima, über Denkungsart, Ton und Stimmung allgemein überwiegende Gewalt hat.

Jeder, der die Hände in den Schoß legt, der Welt nicht nützt, nur ererbte Schätze verzehrt, ohne andern von seinem Überflusse mitzuteilen, ohne durch Ausfüllung des Platzes, den ihm der Schöpfer angewiesen hat, diesen großen Anteil an den Gütern der Erde zu verdienen, jeder solche Mensch bestielt das gemeine Wesen.

Warum die Menschen leichter zum Bösen als zum Guten in Feuer zu setzen sind? Ei! weil das Böse mit unsern herrschenden Leidenschaften und Begierden übereinstimmt, die sich nicht wegphilosophieren lassen, die ohne Unterlaß in uns arbeiten; die Tugend hingegen Kampf, Verleugnung erfordert, wozu nur wenig Menschen fähig sind; weil die Folgen der Tugend weiter entfernt scheinen, der schöne Genuß aber des Verbotenen ganz nahe vor uns ist, und das Nahe lebhaftere Eindrücke macht, als das Entfernte.

Wir sehen die klügsten verständigsten Menschen im gemeinen Leben Schritte thun, wozu wir den Kopf schütteln müssen. Wir sehen die feinsten theoretischen Menschenkenner das Opfer des gröbsten Betruges werden. Wir sehen die erfahrensten, geschicktesten Männer bei alltäglichen Vorfällen unzweckmäßige Mittel wählen ... Wir sehen manchen Redlichen fast allgemein verkannt. Wir sehen die witzigsten, hellsten Köpfe in Gesellschaften ... eine *nicht* vorteilhafte Rolle spielen ... Wir sehen, daß die glänzendsten Schönheiten nicht allenthalben gefallen, *indes Personen*, mit weniger äußern Annehmlichkeiten ausgerüstet, allgemein interessieren.

Wenn wir mit den Augen der Vernunft, die uns der Schöpfer zur Leiterinn gegeben hat, den ganzen Wirkungskreis, der uns hier angewiesen ist, überschauen, dies Leben mit Mäßigkeit geniessen, unsre Pflichten gegen das höchste Wesen, gegen unsre Mitmenschen und gegen uns selbst gehörig überdenken, und die Winke nützen wollten, welche uns die geoffenbarte Weisheit dazu gegeben hat; so würde jeder einzelne Mensch seinen Platz in der großen Kette ausfüllen, und keines weitern Schutzes als seiner Rechtschaffenheit bedürfen, würde frei und ruhig sein, und sich also zu jener Zukunft, durch Veredlung seines Selbst vorbereiten.

Alle diese allgemeinen, sodann die folgenden besondern Regeln nun, und viel mehrere noch, die ich, um mein Werk nicht über Gebühr auszudehnen, der eigenen Einsicht der Leser überlasse, zielen dahin, den Umgang leicht, angenehm zu machen und das gesellige Leben zu erleichtern. Es kann aber mancher seine besondern Gründe haben, warum er sich über einige derselben hinaussetzen will, und da ist es denn freilich sehr billig, jedem zu erlauben, auf seine eigene Art seine Ruhe zu befördern. Drängen wir niemand unsre Spezifika auf. Wer weder Gunst der Großen sucht, noch allgemeines Lob, noch glänzenden Ruhm, noch Beifall verlangt; wer seiner politischen und ökonomischen Lage oder andrer Rücksichten wegen nicht Ursache hat, den Zirkel seiner Bekanntschaft zu erweitern; wer Alters oder Schwächlichkeit halber den menschlichen Umgang flieht, der bedarf keiner Regeln des Umgangs. Wir sollen daher so billig sein, von niemand zu fordern, daß er sich nach unsern Sitten richte, sondern jedermann seinen Gang gehn lassen; denn da jedes Menschen Glückseligkeit in seinen Begriffen von Glückseligkeit beruht, so ist es grausam, irgendeinen zwingen zu wollen, wider seinen Willen glücklich zu sein.

Von Deinen *Grundsätzen* gehe nie ab, solange Du sie als richtig anerkennst! Ausnahmen zu machen, das ist sehr gefährlich und führt immer weiter, vom Kleinen zum Großen. [...] Sei fest; aber hüte Dich, nicht so leicht etwas zum Grundsatze zu machen, bevor Du alle möglichen Fälle überlegt hast, oder eigensinnig auf Kleinigkeiten zu bestehn.

Pflichten gegen uns selbst

Die Pflichten gegen uns selbst sind die wichtigsten und ersten, und also der Umgang mit unsrer eigenen Person gewiß weder der unnützeste noch uninteressanteste. Es ist daher nicht zu verzeihn, wenn man sich immer unter andern Menschen umhertreibt, über den Umgang mit Menschen seine eigene Gesellschaft vernachlässigt, gleichsam vor sich selber zu fliehn scheint, sein eigenes Ich nicht kultiviert und sich doch stets um fremde Händel bekümmert. Wer täglich herumrennt, wird fremd in seinem eigenen Hause; wer immer in Zerstreuung lebt, wird fremd in seinem eignen Herzen, muß im Gedränge müßiger Leute seine innere Langeweile zu töten trachten, büßt das Zutrauen zu sich selber ein.

Sorge für die Gesundheit Deines Leibes und Deiner Seele; aber verzärtle beide nicht. Wer auf seinen Körper losstürmt, der verschwendet ein Gut, welches oft allein hinreicht, ihn über Menschen und Schicksal zu erheben und ohne welches alle Schätze der Erde eitle Bettelware sind. Wer aber jedes Lüftchen fürchtet und jede Anstrengung und Übung seiner Glieder scheut, der lebt ein ängstliches, nervenloses Austerleben und versucht es vergeblich, die verrosteten Federn in den Gang zu bringen, wenn er in den Fall kommt, seiner natürlichen Kräfte zu bedürfen. Wer sein Gemüt ohne Unterlaß dem Sturme der Leidenschaften preisgibt oder die Segel seines Geistes unaufhörlich spannt, der rennt auf den Strand oder muß mit abgenutztem Fahrzeuge nach Hause lavieren, wenn grade die beste Jahreszeit zu neuen Entdeckungen eintritt. Wer aber die Fakultäten seines Verstandes und Gedächtnisses immer schlummern läßt oder vor jedem kleinen Kampfe, vor jeder Art von minder angenehmer Anstrengung zurückbebt, der hat nicht nur wenig wahren Genuß, sondern ist auch ohne Rettung verloren da, wo es auf Kraft, Mut und Entschlossenheit ankommt.

Respektiere dich selbst, wenn Du willst, daß andre Dich respektieren sollen. Tue nichts im Verborgenen, dessen Du Dich schämen müßtest, wenn es ein Fremder sähe. Handle weniger andern zu gefallen, als um Deine eigene Achtung nicht zu verscherzen, gut und anständig! [...] Verliere nie die Zuversicht zu Dir selber, das Bewußtsein Deiner Menschenwürde, das Gefühl, wenn nicht ebenso weise und geschickt als manche andre zu sein, doch weder an Eifer, es zu werden, noch an Redlichkeit des Herzens, irgend jemand nachzustehn.

Verzweifle nicht, werde nicht mißmutig, wenn Du nicht die moralische oder intellektuelle Höhe erreichen kannst, auf welcher ein andrer steht, und sei nicht so unbillig, andre gute Seiten an Dir zu übersehn, die Du vielleicht vor jenem voraus haben magst – und wäre das auch nicht der Fall! Müssen wir denn alle groß sein?
[...] Ich begreife es wohl, diese Sucht, ein großer Mann zu sein, ist bei dem innern Gefühle von Kraft und wahrem Werte schwer abzulegen. Wenn man so unter mittelmäßigen Geschöpfen lebt und sieht, wie wenig diese er-

kennen und schätzen, was in uns ist, wie wenig man über sie vermag, wie die elendsten Pinsel, die alles im Schlafe erlangen, aus ihrer Herrlichkeit herunterblicken – Ja! es ist wohl freilich hart! – Du versuchst es in allen Fächern; im Staate geht es nicht; Du willst in Deinem Hause groß sein, aber es fehlt Dir an Geld, an dem Beistande Deines Weibes; Deine Laune wird von häuslichen Sorgen niedergedrückt, und so geht denn alles den Werkeltagsgang; Du empfindest tief, wie so alles in Dir zugrunde geht; [...] das alles fühle ich mit Dir; allein verliere doch darum nicht den Mut, den Glauben an Dich selber und an die Vorsehung! Gott bewahre Dich vor diesem vernichtenden Unglücke! Es gibt eine Größe – und wer die erreichen kann, der steht hoch über allen –, diese Größe ist unabhängig von Menschen, Schicksalen und äußerer Schätzung. Sie beruht auf innerem Bewußtsein, und ihr Gefühl verstärkt sich, je weniger sie erkannt wird.

Fehlt Dir etwas, hast du Kummer, Unglück, leidest Du Mangel, reichen Vernunft, Grundsätze und guter Wille nicht zu, so klage Dein Leid, Deine Schwäche niemand als dem, der helfen kann, selbst Deinem treuen Weibe nicht! Wenige helfen tragen; fast alle erschweren die Bürde; ja! sehr viele treten einen Schritt zurück, sobald sie sehen, daß Dich das Glück nicht anlächelt. Sobald sie aber gar wahrnehmen, daß Du ganz ohne Hilfsquellen bist, daß Du keinen geheimen Schutz hast, niemand, der sich Deiner annimmt – o! so rechne auf keinen mehr! Wer hat den Mut, einzig und fest als die Stütze des von aller Welt Verlassenen öffentlich aufzutreten? Wer hat den Mut, zu sagen: »Ich kenne den Mann; er ist mein Freund;

er ist mehr wert als ihr alle, die ihr ihn schmähet«? Und fändest Du ja einen solchen, so würde es doch nur etwa ein andrer armer Teufel sein, der selbst in elenden Umständen, aus Verzweiflung sein Schicksal an das Deinige knüpfen wollte, dessen Schutz Dir mehr schädlich als nützlich wäre.

Beurteile die Menschen nicht nach dem, was sie reden, sondern nach dem, was sie tun. Aber wähle zu Deinen Beobachtungen solche Augenblicke, in welchen sie von Dir unbemerkt zu sein glauben. Richte Deine Achtsamkeit auf die kleinen Züge, nicht auf die Haupthandlungen, zu denen jeder sich in seinen Staatsrock steckt.

Sei nie ganz müßig! Lerne Dich selbst nicht zu sehr auswendig, sondern sammle aus Büchern und Menschen neue Ideen. Man glaubt es gar nicht, welch ein eintöniges Wesen man wird, wenn man sich immer in dem Zirkel seiner eigenen Lieblingsbegriffe herumdreht, und wie man dann alles wegwirft, was nicht unser Siegel an der Stirne trägt.

Sei streng, pünktlich, ordentlich, arbeitsam, fleißig in Deinem Berufe! Bewahre Deine Papiere, Deine Schlüssel und alles so, daß Du jedes einzelne Stück auch im Dunkeln finden könntest! Verfahre noch ordentlicher mit fremden Sachen! Verleihe nie Bücher oder andre Dinge, die Dir geliehen worden; hast Du von andern dergleichen geliehn, so bringe oder schicke sie zu gehöriger Zeit wieder und erwarte nicht, daß sie oder ihre Domestiken noch Wege darum tun, um diese Dinge abzuholen! – Jedermann geht gern mit einem Menschen um und treibt Geschäfte mit ihm, wenn man sich auf seine Pünktlichkeit in Wort und Tat verlassen kann.

Rühme aber auch nicht zu laut Deine glückliche Lage! Krame nicht zu glänzend Deine Pracht, Deinen Reichtum, Deine Talente aus! Die Menschen vertragen selten ein solches Übergewicht ohne Murren und Neid.

Keine Regel ist so allgemein, keine so heilig zu halten, keine führt so sicher dahin, uns dauerhafte Achtung und Freundschaft zu erwerben, als die: unverbrüchlich, auch in den geringsten Kleinigkeiten, Wort zu halten, seiner Zusage treu, und stets wahrhaftig zu sein in seinen Reden. Nie kann man Recht und erlaubte Ursache haben, das Gegenteil von dem zu sagen, was man denkt, wenngleich man Befugnis und Gründe haben kann, nicht alles zu offenbaren, was in uns vorgeht.
Es gibt keine Notlügen; noch nie ist eine Unwahrheit gesprochen worden, die nicht früh oder spät nachteilige Folgen für jedermann gehabt hätte; der Mann aber, der dafür bekannt ist, streng Wort zu halten und sich keine Unwahrheit zu gestatten, gewinnt gewiß Zutrauen, guten Ruf und Hochachtung.

Habe immer ein gutes Gewissen! Bei keinem Deiner Schritte müsse Dir Dein Herz über Absicht und Mittel

Vorwürfe machen dürfen. Gehe nie schiefe Wege und baue dann sicher auf gute Folgen, auf Gottes Beistand und auf Menschenhilfe in der Not. Und verfolgt Dich auch wohl eine Zeitlang ein widriges Geschick – o, so wird doch die selige Überzeugung von der Unschuld Deines Herzens, von der Redlichkeit Deiner Absichten Dir ungewöhnliche Kraft und Heiterkeit geben; Dein kummervolles Antlitz wird im Umgange mehr, weit mehr Interesse erwecken als die Fratze des lächelnden, grinsenden, glücklich scheinenden Bösewichts.

Zwei Gründe hauptsächlich müssen uns bewegen, nicht gar zu offenherzig gegen die Menschen zu sein: zuerst die Furcht, unsre Schwäche dadurch aufzudecken und mißbraucht zu werden, und dann die Überlegung, daß, wenn man die Leute einmal daran gewöhnt hat, ihnen nichts zu verschweigen, sie zuletzt von jedem unsrer kleinsten Schritte Rechenschaft verlangen, alles wissen, um alles zu Rate gezogen werden wollen. Allein ebensowenig soll man übertrieben verschlossen sein, sonst glauben sie, es stecke hinter allem, was wir tun, etwas Bedeutendes oder gar Gefährliches, und das kann uns in unangenehme Verlegenheit verwickeln und veranlassen, daß wir verkannt werden, unter anderm in fremden Ländern, auf Reisen, bei manchen andern Gelegenheiten, und kann uns überhaupt auch im gemeinen Leben, selbst im Umgange mit edeln Freunden schaden.

Vor allen Dingen also handle nur stets konsequent. Mache Dir einen Lebensplan und weiche nicht um ein Tüttelchen von diesem Plane. Hätte dieser Plan auch allerlei Sonderbarkeiten – die Menschen werden eine Zeitlang die Köpfe darüber zusammenstecken und am Ende schweigen, Dich in Ruhe lassen und Dir ihre Hochachtung nicht versagen können. Man gewinnt überhaupt immer durch Ausdauern und planmäßige, weise Festigkeit. Es ist mit Grundsätzen wie mit jeden andern Stoffen, woraus etwas gemacht wird, nämlich daß der beste Beweis für ihre Güte der ist, wenn sie lange halten, und in der Tat, wenn man recht genau den Gründen nachspüren will, warum auch den edelsten Handlungen mancher Menschen nicht Gerechtigkeit widerfährt, so wird man oft finden, daß das Publikum deswegen Verdacht gegen die Wahrheit und den Zweck dieser Handlungen gefaßt hat, weil sie nicht in das System des Mannes, der sie begeht, weil sie nicht zu seinen übrigen Schritten zu passen scheinen.

Schrecke, zerre und necke auch niemand, selbst Deine Freunde nicht, mit falschen Nachrichten, mit Witzeleien, oder was sonst auf einen Augenblick beunruhigt, in Verlegenheit setzt! Es gibt der wahrhaftig mißvergnügten, unangenehmen, ängstlichen Augenblicke so viele in der Welt, daß es wohl brüderliche Pflicht ist, alles hinwegzuräumen, was die Last der würklichen und eingebildeten Plagen auch nur um ein Sandkorn erschweren kann. Für eben so unschicklich halte ich es, einem Freunde, aus Scherz, wie es die Gewohnheit mancher Leute ist, mit selbst erfundnen erfreulichen Neuigkeiten ein kurzes Vergnügen zu machen, das nachher vereitelt wird. Das alles ist Neckerei, durch welche die

Freuden des Umgangs nicht gewürzt, sondern versalzen werden. Auch soll man nicht die Neugier reizen, oder die Leute durch halb abgebrochne Worte ängstigen, sondern lieber gänzlich schweigen, wenn man nicht ausreden will. Es gibt Menschen, welche die Gewohnheit haben, ihren Freunden solche mystische Warnungen hinzuwerfen, wie z.B.: »Es läuft ein böses Gerücht von Ihnen herum, aber ich kann, ich darf Ihnen noch nichts darüber sagen.« Dergleichen hat gar keinen Nutzen und beunruhigt.

Überhaupt muß man so wenig wie möglich die Leute in Verlegenheit setzen, vielmehr sich bemühn, wenn auch jemand im Begriff ist, eine Unvorsichtigkeit zu begehn (z.B. schlecht von einem Buche zu reden, dessen Verfasser gegenwärtig ist) oder sonst beschämt zu werden, ihm diese Verlegenheit zu ersparen, oder die Sache auf irgend eine Weise wieder ins Reine zu bringen. Und wenn jemand aus Unachtsamkeit etwas zerbrochen, fallen gelassen, oder sonst sich einer kleinen Unvorsichtigkeit schuldig gemacht hat; so blicke man nicht hin, wenigstens nicht mit Lächeln, oder Unwillen, noch betroffen, um seine Verwirrung nicht zu vermehren!

Schreibe nicht auf Deine Rechnung das, wovon andern das Verdienst gebührt! Wenn man Dir, aus Achtung gegen einen edlen Mann, dem Du angehörst, Vorzug oder Höflichkeit beweist, so brüste Dich damit nicht, sondern sei bescheiden genug zu fühlen, daß dies alles vielleicht wegfallen würde, wenn Du einzeln aufträtest! Suche aber selbst zu verdienen, daß man Dich um Deinetwillen ehre! Sei lieber das kleinste Lämpchen, das einen dunklen

Winkel mit eigenem Lichte erleuchtet als ein großer Mond einer fremden Sonne oder gar Trabant eines Planeten!

Enthülle nie auf unedle Art die Schwächen Deiner Nebenmenschen, um Dich zu erheben! Ziehe nicht ihre Fehler und Verirrungen an das Tageslicht, um auf ihre Unkosten zu schimmern!

Wünschest Du zeitliche Vorteile, Unterstützung, Versorgung im bürgerlichen Leben; möchtest Du in einer Bedienung angestellt werden, in welcher Du Deinem Vaterlande nützlich sein könntest, so mußt Du darum bitten, ja nicht selten betteln. Rechne nicht darauf, daß die Menschen, sie müßten denn Deiner ganz notwendig bedürfen, Dir etwas anbieten oder sich ohngebeten für Dich verwenden werden, wenn auch Deine Taten noch so laut für Dich reden, und jedermann weiß, daß Du Unterstützung bedarfst und verdienst. Jeder sorgt für sich und die Seinigen, ohne sich um den bescheidenen Mann zu bekümmern, der indes nach Gemächlichkeit in seinem Winkelchen seine Talente vergraben oder gar verhungern kann. Darum bleibt so mancher Verdienstvolle bis an seinen Tod unerkannt, außerstand gesetzt, seinen Mitbürgern nützlich zu werden – weil er nicht betteln, nicht kriechen kann.

Das ewige Angeln nach Erwerb und Genuß erzeugt niedrige Leidenschaften, zwingt uns zu erbetteln und zu erkriechen, was wir für so nötig zu unsrer Existenz halten, statt daß Mäßigkeit und Genügsamkeit die Quellen aller Tugend und Freiheit sind.

Miß auch nicht Dein Verdienst danach ab, daß Du sagest: »Ich bin besser als dieser und jener von gleichem Alter, Stande«, und so ferner; sondern nach den Graden Deiner Fähigkeiten, Anlagen, Erziehung und der Gelegenheit, die Du gehabt hast, weiser und besser zu werden als viele. Halte hierüber oft in einsamen Stunden Abrechnung mit Dir selber und frage Dich als ein strenger Richter, wie Du alle diese Winke zu höherer Vervollkommnung genützt habest.

Zeige Dich also mit einem gewissen bescheidenen Bewußtsein innerer Würde, und vor allen Dingen mit dem auf Deiner Stirne strahlenden Bewußtsein der Wahrheit und Redlichkeit! Zeige Vernunft und Kenntnisse, wo Du Veranlassung dazu hast! Nicht so viel, um Neid zu erregen und Forderungen anzukündigen, nicht so wenig, um übersehn und überschrien zu werden! Mache Dich rar, ohne daß man Dich weder für einen Sonderling, noch für scheu, noch für hochmütig halte!

Sei aber nicht *gar zu sehr* ein Sklave der Meinungen andrer von Dir! Sei selbständig! Was kümmert Dich am Ende das Urteil der ganzen Welt, *wenn Du tust, was Du sollst*? Und was ist Deine ganze Garderobe von äußern Tugenden wert, wenn Du diesen Flitterputz nur über ein schwaches, niedriges Herz hängst, um in Gesellschaften Staat damit zu machen?

Eine der wichtigsten Tugenden im gesellschaftlichen Leben und die wirklich täglich seltener wird, ist die Verschwiegenheit. Man ist heutzutage so äußerst trügerisch in Versprechungen, ja in Beteuerungen und Schwüren, daß man ohne Scheu ein unter dem Siegel des Stillschweigens uns anvertrautes Geheimnis gewissenloserweise ausbreitet. Andre Menschen, die weniger pflichtvergessen, aber höchst leichtsinnig sind, können ihrer Redseligkeit keinen Zaum anlegen. Sie vergessen, daß man sie gebeten hat zu schweigen, und so erzählen sie, aus unverzeihlicher Unvorsichtigkeit, die wichtigsten Geheimnisse ihrer Freunde an öffentlichen Wirtstafeln. Oder, indem sie jeden, der ihnen in dem Drange sich zu entladen in den Wurf kommt, für einen treuen Freund ansehen, vertrauen sie das, was sie doch nicht als ihr Eigentum betrachten sollten, ebenso leichtsinnigen Leuten an, als sie selbst sind. Solche Menschen gehen dann auch nicht weniger unklug mit ihren eigenen Heimlichkeiten, Plänen und Begebenheiten um, zerstören dadurch sehr oft ihre zeitliche Glückseligkeit und vernichten ihre Absichten.

Flicke keine platten Gemeinsprüche in Deine Reden ein. Zum Beispiel: daß Gesundheit ein schätzbares Gut; daß das Schlittenfahren ein kaltes Vergnügen; daß jeder sich selbst der Nächste sei; daß, was lange dauert, gut werde, wovon ich das Gegenteil zu beweisen übernehme; daß man durch Schaden klug werde, welches leider selten

eintrifft; oder daß die Zeit schnell hingehe – welches, im Vorbeigehn zu sagen, gar nicht wahr ist; denn da die Zeit nach einem bestimmten Maßstabe berechnet wird, so geht sie nicht schneller vorbei, als sie gerade muß, und der, welchem ein Jahr kürzer vorkommt, als es ist, der muß in demselben über Gebühr geschlafen haben oder sonst seiner Sinne nicht mächtig gewesen sein.
Solche Sprichwörter sind sehr langweilig und nicht selten sinnlos und unwahr.

Lerne Widerspruch ertragen. Sei nicht kindisch eingenommen von Deinen Meinungen. Werde nicht hitzig noch grob im Zanke. Auch dann nicht, wenn man deinen ernsthaften Gründen Spott und Persiflage entgegensetzt. Du hast, bei der besten Sache, schon halb verloren, wenn Du nicht kaltblütig bleibst und wirst wenigstens auf diese Art nie überzeugen.

Der, welcher unbestimmte, schwankende Ideen über Gegenstände, welche der Menschheit wichtig sind, berichtigt und beleuchtet; Der, welcher edle Grundsätze der Religion, Moral und echten Weisheit, durch einen lebhaften Vortrag und durch hinreißende Herzens-Beredsamkeit, anschaulicher, interessanter macht, den Keim des Guten in den Seelen der Leser durch die erquickende Wärme seines Enthusiasmus zur Reife bringt, in guten Vorsätzen bestärkt und den Heroismus hoher Tugenden erweckt; der macht sich sehr verdient um die Menschheit.

Wenig Menschen verstehen diese Kunst; es ist aber wichtig, sie zu studieren; auf edle Weise Gutes zu tun; die Delikatesse dessen zu schonen, dem wir es erzeigen; keine schwere Last von Verbindlichkeit aufzulegen; erwiesene Wohltaten weder auf feine, noch auf grobe Art vorzuwerfen; dem beschämenden Danke auszuweichen; nicht Dank zu erbetteln und dennoch dem dankbaren Herzen nicht die Gelegenheit zu rauben, sich seiner Pflicht zu entledigen. Der gibt doppelt, der gleich zu rechter Zeit, ungebeten und mit Freuden gibt. Gib gern! Es ist seliger Genuß, es ist Wohltat, geben, zur Freude andrer etwas beitragen zu dürfen.

Es ist traurig genug, daß der größte Teil des Menschengeschlechts durch Schwäche, Armut, Gewalt und andre Umstände gezwungen ist, dem kleinern zu Gebote zu stehn, und daß oft der Bessere den Winken des Schlechtern gehorchen muß. Was ist daher billiger, als daß die, denen das Schicksal die Gewalt in die Hände gegeben hat, ihren Nebenmenschen das Leben süß und das Joch erträglicher zu machen, diese glückliche Lage nicht ungenützt lassen?

Man sei nicht lediglich darum freundlich gegen die Geringern, [...] nicht aus Stolz herablassend, um desto mehr geehrt zu werden, sondern überall aus reiner, redlicher Absicht, aus richtigen Begriffen von Adel und aus Gefühl von Gerechtigkeit, die über alle zufälligen Verhältnisse hinaus in dem Menschen nur den Wert schätzt, den er als Mensch hat.

Aber diese Höflichkeit sei auch wohl geordnet; sie sei nicht übertrieben. Sobald der Geringere fühlt, daß ihm die Ehre, welche wir ihm erweisen, unmöglich zukommen kann: so hält er es entweder für Mangel an Vernunft, für Spott oder gar für Falschheit, argwöhnt, es stecke etwas dahinter, wir wollen ihn mißbrauchen. Sodann gibt es auch eine Art von Herablassung, die wahrhaftig kränkend ist, wobei der leidende Teil offenbar fühlt, daß man ihm nur ein mildtätiges Almosen der Höflichkeit darreicht.

Wer immer Spaß machen will, der erschöpft sich nicht nur leicht und wird matt, sondern hat auch die Unannehmlichkeit, daß, wenn er einmal gerade nicht aufgelegt ist, seinen Vorrat von lustigen Kleinigkeiten zu öffnen, seine Gefährten das sehr ungnädig aufnehmen. Bei jeder Mahlzeit, zu welcher er gebeten wird, bei jeder Aufmerksamkeit, die man ihm erweist, scheint die Bedingung schwer auf ihm zu liegen, daß er diese Ehre durch seine Schwänke zu verdienen suchen solle; und will er es einmal wagen, den Ton zu erheben und etwas Ernsthaftes zu sagen, so lacht man ihm gerade in das Gesicht, ehe er mit seiner Rede halb zu Ende ist. Wahrer Humor und echter Witz lassen sich nicht erzwingen, nicht erkünsteln, aber sie wirken, wie das Umschweben eines höhern Genius, wonnevoll, erwärmend, Ehrfurcht erregend.

Erzähle nicht leicht Anekdoten, besonders nie solche, die irgend jemand in ein nachteiliges Licht setzen, auf bloßes Hörensagen nach! Sehr oft sind sie gar nicht auf

Wahrheit gegründet oder schon durch so viele Hände gegangen, daß sie wenigstens vergrößert, verstümmelt worden, und dadurch eine wesentlich andre Gestalt bekommen haben. Vielfältig kann man dadurch unschuldigen guten Leuten ernstlich schaden und noch öfter sich selber großen Verdruß zuziehn.

Vor allen Dingen vergesse man nie, daß die Leute unterhalten, amüsiert sein wollen; daß selbst der unterrichtendste Umgang ihnen in der Länge ermüdend vorkommt, wenn er nicht zuweilen durch Witz und gute Laune gewürzt wird; daß ferner nichts in der Welt ihnen so witzreich, so weise und so ergötzend scheint, als wenn man sie lobt, ihnen etwas Schmeichelhaftes sagt; daß es aber unter der Würde eines klugen Mannes ist, den Spaßmacher, und eines redlichen Mannes unwert, den niedrigen Schmeichler zu machen. Allein es gibt einen gewissen Mittelweg; diesen rate ich einzuschlagen, und da jeder Mensch doch wenigstens eine gute Seite hat, die man loben darf, und dies Lob, wenn es nicht übertrieben wird, aus dem Munde eines verständigen Mannes Sporn zu größerer Vervollkommnung werden kann, so ist das Wink genug für den, der mich verstehn will.

Sei vorsichtig im Tadel und Widerspruche! Es gibt wenig Dinge in der Welt, die nicht zwei Seiten haben. Vorurteile verdunkeln oft die Augen selbst des klügern Mannes, und es ist sehr schwer, sich gänzlich an eines andern Stelle zu denken. Urteile besonders nicht so leicht über kluger Leute Handlungen, oder Deine Bescheidenheit müßte

Dir sagen, daß Du noch weiser wie sie seist! und da ist es denn eine mißliche Sache um diese Überzeugung. Ein kluger Mann ist mehrenteils lebhafter als ein andrer, hat heftigere Leidenschaften zu bekämpfen, bekümmert sich weniger um das Urteil des großen Haufens, hält es weniger der Mühe wert, sein gutes Gewissen durch große Apologien zu rechtfertigen. Übrigens soll man nur fragen: »Was tut der Mann Nützliches für andre?« und wenn er dergleichen tut, über dies Gute die kleinen leidenschaftlichen Fehler, die nur ihm selber schaden oder höchstens unwichtigen, vorübergehenden Nachteil wirken, vergessen.

Vor allen Dingen maße Dir nicht an, die Bewegungsgründe zu jeder guten Handlung abwägen zu wollen! Bei einer solchen Rechnung würden vielleicht manche Deiner eigenen großen Taten verzweifelt klein erscheinen. Jedes Gute muß nach seiner Wirkung für die Welt beurteilt werden.

In welcher Verlegenheit ist zuweilen ein Mann, der nicht viel Journale und neurere Modeschriften liest, wenn er in eine Gesellschaft von schöngeisterischen Herrn und Damen gerät!

Freilich kann nichts ungesitteter, den wahren Begriffen einer feinen Lebensart mehr entgegen sein, als wenn eine Anzahl Menschen, die sich auf diese Art untereinander verstehen, einem Fremden, der gutmütig unter sie tritt, um an den Freuden der Geselligkeit teilzunehmen, durch ununterbrochene Lenkung des Gesprächs auf Gegenstände, wovon dieser gar nichts versteht, jeden Genuß der Unterredung rauben. Auf diese Art habe ich zuweilen in meiner ersten Jugend in Familienzirkeln, wo die Unterhaltung beständig mit Anspielungen auf mir gänzlich unbekannte Anekdoten durchflochten und durch gewisse mir fremde Redensarten und Bonmots, womit ich gar keinen Begriff verbinden konnte, gewürzt war, tötende Langeweile gehabt. Man sollte wohl mehr Rücksicht nehmen; allein selten sind ganze Gesellschaften so billig, sich nach einzelnen zu richten; auch läßt sich das nicht immer mit Recht fordern; folglich ist es wichtig für jeden, der in der Welt mit Menschen leben will, die Kunst zu studieren, sich nach Sitten, Ton und Stimmung andrer zu fügen.

Bescheidenheit ist eine der liebenswürdigsten Eigenschaften und macht um so vorteilhaftere Eindrücke, je seltener diese Tugend in unsern Tagen wird. Sei also auch nicht so bereit, jedermann Deine Schriften unberufen vorzulesen, Deine Anlagen zu zeigen und Deine rühmlichen Handlungen zu erzählen, noch auf feine Art Gelegenheit zu geben, daß man Dich darum bitten müsse.

Man sei höflich und freundlich gegen solche Leute, denen das Glück nicht grade eine so reichliche Summe nichtiger zeitlicher Vorteile zugeworfen hat als uns, und ehre das wahre Verdienst, den echten Wert des Menschen auch im niedern Stande. Man sei nicht wie die mehrsten Vornehmen und Reichen etwa nur dann herablassend gegen Leute von geringerm Stande, wenn man ihrer bedarf, da man sie hingegen verabsäumt oder ihnen übermütig begegnet, sobald man ihrer entbehren kann. Man vernachlässige nicht, sobald ein Größerer gegenwärtig ist, den Mann, den man unter vier Augen mit Freundschaft und Vertraulichkeit behandelt, schäme sich nicht, öffentlich den Mann vor der Welt zu ehren, der Achtung verdient, möchte er auch weder Rang noch Geld, noch Titel führen.

Ein wohlwollendes, ernsthaftes, gesetztes, immer gleiches Betragen, unterschieden von steifer, hochmütiger Feierlichkeit; gute, richtige, nicht übermäßige, der Wichtigkeit ihrer Dienste angemessene Bezahlung; strenge Pünktlichkeit, wenn es darauf ankömmt, sie zur Ordnung und zu demjenigen anzuhalten, wozu sie sich verbindlich gemacht haben; Liebe und Freundlichkeit, wenn sie die Gewährung einer anständigen, bescheidnen Bitte, die Vergünstigung eines unschuldigen Vergnügens von uns begehren, oder auch ungebeten nur erwarten können; weise Überlegung in Zuteilung der Arbeit, so daß man sie nicht mit unnützen Arbeiten überhäufe, mit Geschäften, die bloß unser eitles Vergnügen zum Gegenstande haben, dennoch aber nicht leide, daß sie je müßig seien, sondern sie auch anhalte, für sich selbst zu arbeiten, sich in Kleidung reinlich und rechtlich zu halten, sich Geschicklichkeit zu erwerben; Aufmerksamkeit und Aufopfrung unsers eignen Interesse, wenn man Gelegenheit hat, ihnen ein bessers Schicksal zu verschaffen, sie zu befördern; väterliche Sorgsamkeit für ihre Gesundheit, für ehrlichen Erwerb und für ihre sittliche Aufführung. – Das sind die sichersten Mittel, gut, treu bedient und von denen, die uns dienen, geliebt zu werden.

Der *Geiz* ist eine der unedelsten, schändlichsten Leidenschaften. Man kann sich keine Niederträchtigkeit denken, zu welcher ein Geizhals nicht fähig wäre, wenn seine Begierde nach Reichtümern in das Spiel kommt, und jede Empfindung beßrer Art, Freundschaft, Mitleid und Wohlwollen finden keinen Eingang in sein Herz, wenn sie kein Geld einbringen; ja er gönnt sich selber die unschuldigsten Vergnügungen nicht, insofern er sie nicht unentgeltlich schmecken kann.

Allein in den jetzigen Zeiten, wo der Luxus so übertrieben wird; wo die Bedürfnisse, auch des mäßigsten Mannes, der in der Welt leben und eine Familie unterhalten muß, so groß sind; wo der Preis der nötigen Lebensmittel täglich steigt; wo die Macht des Geldes soviel entscheidet; wo der Reiche ein so beträchtliches Übergewicht über den Armen hat; endlich, wo von der einen Seite Betrug und Falschheit und von der andern Mißtrauen und Mangel an brüderlichen Gesinnungen in allen Ständen sich ausbreiten und daher die Zuversicht auf die Hilfe der Mitmenschen ein unsichres Kapital wird; in diesen Zeiten, meine ich, hat man unrecht, wenn man einen sparsamen, vorsichtigen Mann ohne nähere Prüfung seiner Umstände und der Bewegungsgründe, welche seine Handlungen leiten, sogleich für einen Knicker erklärt.

Daß man womöglich den Umgang mit schlechten Leuten fliehn müsse, wenn uns unsre Ruhe und unsre moralische Vervollkommnung am Herzen liegt, das versteht sich wohl von selber. Wenn ein Mann von festen Grundsätzen

auch nicht eigentlich schlecht durch sie wird, so gewöhnt er sich doch nach und nach an den Anblick der Untaten und verliert jenen Abscheu gegen alles, was unedel ist, einen Abscheu, der zuweilen einzig hinreicht, uns in Augenblicken von Versuchung vor feinern Vergehungen zu bewahren.
Glaube nicht, wenn Du einiges Verdienst von seiten des Kopfs und des Herzens hast, glaube nicht, es dahin zu bringen, daß Du von schlechten Menschen je gänzlich in Ruhe gelassen werden, noch mit ihnen in Frieden leben könntest. Es herrscht ein ewiges Bündnis unter Schurken und Pinseln, gegen alle verständigen und edlen Menschen, eine so sonderbare Verbrüderung, daß sie unter allen übrigen Menschen einander erkennen und bereitwillig die Hand reichen, möchten sie auch durch andre Umstände noch so sehr getrennt sein, sobald es darauf ankommt, das wahre Verde! Allein das ist nicht so leicht, als man wohl glaubt; es gibt eine Art, Süßigkeiten zu sagen, die das Ansehn hat, als wollte man gerade das Gegenteil tun.

Zu allen Geschäften aber, die man in der großen Welt führen muß, ist nichts so dringend anzuempfehlen als – *Kaltblütigkeit*, das heißt: sich nie zu vergessen; nie sich zu übereilen; den Verstand nie dem Herzen, dem Temperamente, der Phantasie preiszugeben; Vorsicht, Verschlossenheit, Wachsamkeit, Gegenwart des Geistes, Unterdrückung willkürlicher Aufwallungen und Gewalt über Launen. Mit Kaltblütigkeit und den dahin gehörigen Eigenschaften sieht man Personen von den mittelmäßigsten natürlichen Gaben über den lebhaftesten, feinsten Feuerkopf herrschen. Aber diese schwere Kunst – wenn sie sich je erlernen läßt, wenn sie nicht ausschließlich ein Geschenk der Natur ist – erlangt man nur nach vieljähriger Arbeit und Erfahrung.

Es gibt Leute, die uns zu Vertraulichkeiten, zu gewissen Konfidenzen zu bewegen suchen, damit sie nachher Waffen gegen uns in Händen haben, womit sie uns drohen können, wenn wir ihnen nicht zu Gebote stehn wollen. Die Klugheit erfordert, davor auf seiner Hut zu sein.

Unvorsichtigen und *plauderhaften* Leuten darf man natürlicherweise keine Geheimnisse anvertraun. Besser wäre es, man hätte überhaupt keine Geheimnisse in der Welt, könnte immer frei und offen handeln, und alles, was im Herzen vorgeht, vor jedermann sehn lassen; besser wäre es, man dächte und redete nichts, als was man laut denken und reden darf; da dies indessen besonders bei Männern, die in öffentlichen Ämtern stehen oder sonst fremde Geheimnisse zu verwahren haben, nicht möglich ist, so muß man freilich vorsichtig in Mitteilung seiner Heimlichkeiten sein.

Leute, die etwas darin suchen, sich durch ihr Betragen in unwesentlichen Dingen von andern zu unterscheiden (nicht eigentlich aus Überzeugung, daß es besser so sei, als anders, sondern hauptsächlich darum, weil sie das zu tun vorziehn, was andre nicht tun). Sie sehen es gern, wenn man ihre Weise bemerkt, und ein verständiger

Mann muß in seinem Betragen gegen sie wohl überlegen, ob ihre Bizarrerien von unschädlicher Art, und ob sie Männer sind, die in irgend einer Rücksicht Schonung verdienen, um darnach im Umgange mit ihnen zu verfahren, wie es Vernunft und Duldung fordern.

Zerstreute und *vergeßliche* Leute taugen nicht zu Geschäften, wo es auf Pünktlichkeit ankommt. Jungen Personen kann man diese Fehler zuweilen noch abgewöhnen und es dahin bringen, daß sie ihre Gedanken beieinanderhalten. Manche, die aus zu großer Lebhaftigkeit des Temperaments leicht alles vergessen und nie da zu Hause sind, wo sie sein sollten, kommen von dieser Schwachheit zurück, wenn sie älter, kühler und sittsamer werden. Andre affektieren zerstreut zu sein, weil sie glauben, das sähe vornehm oder gelehrt aus, und über solche Toren soll man nur die Achseln zucken und sich wohl hüten, ihre Distraktionen[1] artig zu finden.

Dumme Leute, die ihre Schwäche fühlen, sich von vernünftigen Menschen leiten lassen, und zwar einem natürlich gutmütigen, wohlwollenden, sanften Temperamente gemäß, sich leicht zum Guten und schwer zum Bösen leiten lassen, die sind nicht zu verachten. Es können nicht alle Menschen hohen, erhabenen Geistesschwung haben, und die Welt würde auch sehr übel dabei fahren, wenn es also wäre, es müssen mehr subalterne als Herrschergenies unter den Erdensöhnen sein, wenn nicht alle in ewi-

1 Zerstreuungen

ger Fehde miteinander leben sollen. Daß ein gewisser höherer Grad von Tugend, zu welcher Kraft, Mut, Festigkeit oder feine Beurteilungskraft gehört, nicht mit Schwäche des Geistes bestehn kann, das ist wohl freilich gewiß [...]. Wenn im ganzen nur das Gute geschieht, und die dümmern Menschen zu diesem Guten sich die Hände führen lassen, so füllen sie ihren Platz nützlicher aus als die überschwenglichen Genies, die Feuerköpfe, mit ihrem sich durchkreuzenden, unaufhörlichen Wirken und Streben.

Stumpfe Sinne und Mangel an Geistes-Gaben verhindern viele Menschen, über ihre wahre Bestimmung nachzudenken und sich feste Grundsätze zu bilden. Sie geraten daher früh in freiwillige oder gezwungene tyrannische Abhängigkeit von fremden Meinungen, fremden Einwirkungen; und da es deren von allen Seiten gibt, schwanken sie immer umher, sind nie ihres Weges gewiß. Solche Leute könnte man bedauern, wenn die Natur wirklich so stiefmütterlich an ihnen gehandelt hätte; allein es gibt wohl gewiß wenige oder keine unter ihnen, die nicht mit so viel gesunder Vernunft ausgerüstet wären, daß, wenn sie diese nur einigermaßen hegen und pflegen, ich will nicht einmal sagen ausbauen wollten, sie ihnen, in denen Verhältnissen des Lebens, in welche *solche Leute* zu kommen pflegen, zur Leiterin dienen könnte.

Endlich dünkt es mich so schön, so edel, dem, welcher nun nicht lange mehr die Schätze und Freuden dieser Welt schmecken kann, den Rest seines Lebens, in welchem gewöhnlich Sorgen und Kümmernisse wachsen und der Genuß vermindert wird, so leicht als möglich zu machen, daß ich kein Bedenken trage, dem Jünglinge und Knaben zuzurufen: »Vor einem grauen Haupte sollst Du aufstehn! Ehre das Alter! Suche den Umgang älterer, kluger Leute! Verachte nicht den Rat der kältern Vernunft, die Warnung des Erfahrnen! Tue dem Greise, was Du willst, daß man Dir tun solle, wenn einst Deiner Scheitel Haar versilbert sein wird! Pflege seiner und verlasse ihn nicht, wenn die wilde, leichtfertige Jugend ihn flieht!«

Übrigens aber ist es auch gewiß, daß es sehr viel alte Gekken und Schöpse, so wie hie und da weise Jünglinge gibt, die schon geerntet haben, wo andre noch kaum ihr Handwerksgeräte zum Graben und Pflügen schleifen.

Es gibt [...] kleine gesellschaftliche Unschicklichkeiten und Unkonsequenzen, die man vermeiden und wobei man immer überlegen muß, wie es wohl aussehn würde, wenn jeder von den Anwesenden sich dieselbe Freiheit erlauben wollte; zum Beispiel: während der Predigt zu schlafen; in Konzerten zu plaudern; hinter eines andern Rücken einem Freunde etwas zuzuflüstern oder ihm Winke zu geben, die jener auf sich deuten kann; überhaupt das Ins-Ohr-Reden in Gesellschaften; wenn man lächerlich schlecht tanzt oder ein Instrument elend spielt, sich damit sehn und hören zu lassen und dadurch die Anwesenden zum Spotte und zum Gähnen zu reizen; wenn uns die Leute aus dem Wege gehn wollen, ihnen, [...] zehnmal auf allen Seiten entgegenzurennen; wenn wir ein Kartenspiel nicht verstehn oder höchst langsam spielen, uns dennoch dabei hinzusetzen, unsrer Gegner Geduld auf die Probe zu stellen und unsern Gehilfen durch Ungeschicklichkeit in Verlust zu bringen; bei dem Tanze zugleich die Melodie mitzusingen; in Schauspielen so hinzutreten, daß man nicht über uns wegsehn kann; in jede Versammlung später zu kommen, früher wegzugehn oder länger zu verweilen als alle übrigen Mitglieder der Gesellschaft. – Vermeide dergleichen Unschicklichkeiten. Blicke nicht in fremde Papiere. Auch mag mancher nicht leiden, wenn man ihm beim Lesen, Arbeiten u. dgl. auf die Finger sieht. Bleibe auch nicht allein im Zimmer, wo Schriften oder Gelder herumliegen.

Also nur noch etwas über die Kleidung. Kleide Dich nicht unter und nicht über Deinen Stand; nicht über und nicht unter Dein Vermögen; nicht phantastisch; nicht bunt; nicht ohne Not prächtig, glänzend noch kostbar; aber reinlich, geschmackvoll, und wo Du Aufwand machen mußt, da sei Dein Aufwand zugleich solide und schön. Zeichne Dich weder durch altväterische, noch jede neumodische Torheit nachahmende Kleidung aus. Wende einige größere Aufmerksamkeit auf Deinen Anzug, wenn Du in der großen Welt erscheinen willst. Man ist in Gesellschaft verstimmt, sobald man sich bewußt ist, in einer unangenehmen Ausstaffierung aufzutreten.

Die Großen und Reichen der Erde

Selbst im Überflusse und mit großen Erwartungen aufgewachsen, kenne ich recht gut die Vorteile und Nachteile einer reichen und vornehmen Erziehung. Meine nachherigen Schicksale aber, mein Aufenthalt an Höfen und der Umgang mit Menschen aller Art, das alles hat mich gelehrt, wie nötig es sei, denen, die nicht durch widrige Erfahrungen vollends ausgebildet werden, und die so selten reine, lautre, unparteiische Wahrheit hören, ohne Leidenschaft zu sagen, was ihnen so nötig ist zu hören.

Dränge Dich den Vornehmen und Reichen nicht auf, wenn Du nicht von ihnen verachtet werden willst!

Überhaupt darf man auf die Dankbarkeit der mehrsten Vornehmen und Reichen sowie auf ihre Versprechungen nicht bauen. Opfre ihnen also nichts auf! Sie fühlen den Wert davon nicht, glauben, alle andern Menschen seien ihnen einen solchen Tribut schuldig, für den Schutz, für die gnädigen Blicke, ja für eine ungestörte Existenz, oder man wolle dadurch kleine Vorteile erringen. Schenke ihnen also auch nichts. Das heißt einen Tropfen köstlichen Balsams in einen Eimer trüben Wassers fallen lassen.

Man würde ungerecht handeln, wenn man behaupten wollte, alle Fürsten, alle sehr vornehmen und alle sehr reichen Leute hätten dieselben Fehler miteinander gemein, durch welche viele von ihnen ungesellig, kalt, unfähig zum echten Freundschaftsbande und schwer zu behandeln im Umgange werden; allein man versündigt sich wahrlich nicht, wenn man sagt, daß dies bei den mehrsten von ihnen der Fall ist. Sie werden in der Erziehung verwahrlost, von Jugend auf durch Schmeichelei verderbt, durch andre und sich selbst verzärtelt. Da ihre Lage sie über Mangel und Bedürfnis mancher Art hinaussetzt; da sie selten in Verlegenheit und Not geraten, so lernen sie nicht, wie nötig ein Mensch dem andern, wie schwer allein zu tragen manches Ungemach in der Welt, wie süß, teilnehmende, mitleidende Seelen zu finden, wie wichtig es ist, andrer zu schonen, damit man einst zu ihnen seine Zuflucht nehmen könne. Sie lernen sich selbst nicht kennen, weil man sie aus Furcht oder Hoffnung die widrigen Eindrücke, welche ihre Fehler und Gebrechen wirken, nicht empfinden läßt. Sie sehen sich als Wesen besserer Art an, von der Natur begünstigt, zu herrschen und zu regieren, die niedern Klassen hingegen bestimmt, ihrem Egoismus, ihrer Eitelkeit zu huldigen, ihre Launen zu ertragen und ihre Phantasien zu schmeicheln. Auf die Voraussetzung, daß die mehrsten Großen und Reichen größtenteils diesem Bilde gleichen, muß man sein Betragen im Umgang mit ihnen gründen. Um desto wohltätiger zwar ist die Empfindung, wenn man unter ihnen einen antrifft, der mit einem gewissen edeln Stolze, mit mehr Feinheit, Großmut und besserer Kultur – Vorteile, welche freilich eine zweckmäßige, vornehme Erziehung gewähren kann – alle Privattugenden verbindet.

Es gibt Menschen, die durchaus dafür angesehn sein wollen, eine größere Figur in der Welt zu spielen, in höherem Ansehn zu stehn, als wirklich der Fall ist. Sie führen auf Unkosten ihres Geldbeutels den Luxus der Vornehmen und Reichen in ihren Häusern oder drängen sich in deren Zirkel ein, wo sie eine elende Figur spielen, nur hinterherlaufen müssen und keinen frohen Genuß haben, indes sie lehrreichern und süßern Umgang gänzlich vernachlässigen und gute Freunde und weise Menschen von sich entfernen. Die geizigsten Leute sparen zuweilen keine Kosten, wenn sie Gelegenheit finden können, Zutritt in großen Häusern zu erlangen, und hungern gern Monate hindurch, um einmal einen Fürsten bei sich zu bewirten, der dieses Opfer gar nicht gewahr wird, nicht dankbar dafür ist, vielleicht Langeweile bei ihnen hat, alles sehr bürgerlich findet und nach vierzehn Tagen wohl gar den Namen des törichten Wirts vergessen hat. Andre lassen es sich wenigstens angelegen sein, die nichtsbedeutenden und verderbten Sitten der Großen pünktlich nachzuahmen, ihre hochmütige Herablassung, ihren geschäftigen Müßiggang, ihre Zerstreuung, ihr Wichtigtun, ihre leeren Vertröstungen, ihre seelenlosen Gespräche, ihre Zweizüngigkeit, Windbeutelei, Gefühllosigkeit, Nachahmung der Ausländer, die Verachtung ihrer Muttersprache, ihre fehlerhafte Schreibart, ja sogar ihre lächerlichen Gebärden, Gewohnheiten und Gebrechen, ihr Stammeln, Lispeln, Achselzucken, ihre Grobheit gegen Niedere, Kränklichkeit, ihr Podagra, ihre schlechte Hauswirtschaft, ihre dummen Launen und mehr dergleichen herrliche Vorzüge zu kopieren und sich eigen zu machen. Ihnen ist der beste Beweis für die Güte einer Sache der, daß sie sagen: Jedermann von Stande handle so und nicht anders, als wenn das eine Narrheit heiligen könnte! – Handle selbständig! Verleugne nicht Deine Grundsätze, Deinen Stand, Deine Geburt, Deine Erziehung; so werden Hohe und Niedre dir ihre Achtung nicht versagen können.

Entfernung von Natur; Gleichgültigkeit gegen die ersten und süßesten Bande der Menschheit; Verspottung der Einfalt, Unschuld, Reinigkeit und der heiligsten Gefühle; Flachheit; Vertilgung, Abschleifung jeder charakteristischen Eigenheit und Originalität; Mangel an gründlichen, wahrhaftig nützlichen Kenntnissen; an deren Stelle hingegen Unverschämtheit, Persiflage, Impertinenz, Geschwätzigkeit, Inkonsequenz, Nachlallen; Kälte gegen alles, was gut, edel und groß ist; Üppigkeit, Unmäßigkeit, Unkeuschheit, Weichlichkeit, Ziererei, Wankelmut, Leichtsinn; abgeschmackter Hochmut; Flitterpracht als Maske der Bettelei; schlechte Hauswirtschaft; Rang- und Titelsucht; Vorurteile aller Art; Abhängigkeit von den Blicken der Despoten und Mäzenaten; sklavisches Kriechen, um etwas zu erringen; Schmeichelei gegen den, dessen Hilfe man bedarf, aber Vernachlässigung auch des Würdigsten, der nicht helfen kann; Aufopferung auch des Heiligsten, um seinen Zweck zu erlangen; Falschheit, Untreue, Verstellung, Eidbrüchigkeit, Klatscherei, Kabale; Schadenfreude, Lästerung, Anekdotenjagd; lächerliche Manieren, Gebräuche und Gewohnheiten – das sind zum Teil die herrlichen Dinge, welche unsre Männer und Weiber, unsre Söhne und Töchter von dem liebenswürdigen Hofgesindel lernen – das sind die Studien, nach welchen sich die Leute von feinem Tone bilden [. . .].

Wer nicht, seiner Lage nach, schlechterdings dazu verdammt ist, an Höfen oder sonst in der großen Welt zu leben, der bleibe fern von diesem Schauplatze des glänzenden Elends, bleibe fern vom Getümmel, das Geist und Herz betäubt, verstimmt und zugrunde richtet. In friedlicher häuslicher Eingezogenheit, im Umgange mit einigen edeln, verständigen und muntern Freunden ein Leben zu führen, das unsrer Bestimmung, unsern Pflichten, den Wissenschaften und unschuldigen Freuden gewidmet ist, und dann zuweilen einmal mit Nüchternheit an öffentlichen Vergnügungen, an großen, gemischten Gesellschaften teilzunehmen, um für die Phantasie, die doch auch nicht leer ausgehn will, neue Bilder zu sammeln und die kleinen, widrigen Gefühle der Einförmigkeit zu verlöschen – das ist ein Leben, das eines weisen Mannes wert ist!

Nimm eine Art von Würde, von edelm Stolze und von Hoheit an gegen den Hofschranzen, damit nie der Gedanke in ihm aufkeimen könne, Dich zu foppen oder zu mißbrauchen. Diese Sklavenseelen zittern vor dem Übergewichte des verständigen, konsequenten Mannes; allein das muß weder in Aufgeblasenheit noch in Bauernstolz ausarten. Sage diesen Leuten zuweilen einmal, doch ohne Hitze und Grobheit, die Wahrheit. Schlage ihre flachen, schiefen Urteile kaltblütig mit Gründen nieder, wo es nach den Umständen die Klugheit erlaubt. Stopfe ihnen das Maul, wenn sie den Redlichen lästern. Setze ihren Schleichwegen Mut, Tätigkeit und wahre Kraft entgegen.

Bestärke die Großen nicht in den Grundsätzen von angebornen Vorzügen, von Herrscherrechten, von Gesalbtheit und dergleichen Grillen. Trage nichts dazu bei, sie und ihre Kinder noch mehr zu verderben, moralisch zu verschlimmern. Schmeichle sie nicht. Nähre nicht ihren Stolz, ihre Üppigkeit, ihre Eitelkeit, ihren Hang zu nichtigen und wollüstigen Freuden.

Man traue nicht zu sehr den freundlichen Gesichtern der mehrsten Großen, glaube sich nicht auf dem Gipfel der Glückseligkeit, wenn der gnädige Herr uns anlächelt, die Hand schüttelt oder uns umarmt. Vielleicht bedarf er unsrer in diesem Augenblicke und behandelt uns mit Verachtung, wenigstens mit Kälte, sobald dieser Augenblick vorüber ist.

Überschreite nicht bei Deiner Gefälligkeit gegen die Großen der Erde, in deren Händen Dein bürgerliches Glück ist, die Grenzen der wahren Ehre! Es ist eine große Versuchung für einen armen oder ehrbegierigen jungen Menschen, der in dem Dienst eines schwachen Fürsten sich empor schwingen will, ob er nicht dessen ränkevollem Minister, dem regierenden Cammerdiener, oder einer tyrannischen Buhlerin huldigen soll; aber selten nimt das ein gutes Ende. Solche Lieblinge stürzen sich früh oder spät selber, und reißen dann ihre Kreaturen mit in ihr Verderben; Und wäre auch das nicht; so werden doch die größten Vorteile, die man dadurch erlangen könnte, zu teuer erkauft, wenn man dafür die Achtung weiser und rechtschaffner Männer aufopfern muß; und das ist gewiß immer der Fall – Der grade Weg hingegen führt unfehlbar, wenn nicht zu einem glänzenden doch, zu einem dauerhaften Glücke.

Nütze aber die Zeit ihrer Gunst, um sie zur Gerechtigkeit, Treue, Wahrheit und Menschenliebe zu ermuntern. Stimme ihnen nicht bei, wenn sie je vergessen wollen, daß sie, was sie sind und was sie haben, nur durch Übereinkunft des Volks sind und haben; daß man ihnen diese Vorrechte wieder nehmen kann, wenn sie Mißbrauch davon machen; daß unsre Güter und unsre Existenz nicht ihr Eigentum, sondern, daß alles, was sie besitzen, unser Eigentum ist, weil wir dafür alle ihre und der Ihrigen Bedürfnisse befriedigen und ihnen noch obendrein Rang und Ehre und Sicherheit geben; endlich, daß in diesen Zeiten der Aufklärung bald kein Mensch mehr daran glauben wird, daß ein einziger, vielleicht der Schwächste der ganzen Nation, ein angeerbtes Recht haben könne, hunderttausend weisern und bessern Menschen das Fell über die Ohren zu ziehn; daß sie aber ohne Trabanten und Wachen ruhig schlafen können, wenn das dankbare Volk, dessen treue Diener sie sind, sie liebt und für das Wohl der Edeln Segen vom Himmel erfleht.

Zum Schlusse noch ein paar Worte über den Umgang der Großen und Reichen unter sich. Sie verderben sich größtenteils einer den andern. Die Kleinern beeifern sich, es den Größern nach, ja es ihnen an Aufwande und übel verstandener Erhabenheit zuvorzutun, und so verewigen sie ihre Torheiten, welche von noch kleinern Magnaten bis auf den geringsten, der nur einen Schuhputzer in seiner Livree herumlaufen hat, nach möglichsten Kräften nachgeahmt werden.

Häusliches Glück: Ehe, Kinder, Erziehung

Das erste und natürlichste Band unter den Menschen ist das zwischen Mann und Weib; auch diese Verbindung muß die bürgerliche Gesellschaft veredeln, fester knüpfen und durch weise Gesetze den Unordnungen steuern, die den Ehestand verbittern oder trennen könnten, ohne ihn jedoch durch drückenden Zwang zu einem beschwerlichen Joche zu machen.

Eine weise und gute Wahl bei Knüpfung des wichtigsten Bandes im menschlichen Leben, die ist freilich das sicherste Mittel, um in der Folge sich Freude und Glück in dem Umgange unter Eheleuten versprechen zu können. Wenn hingegen Menschen, die nicht gegenseitig dazu beitragen, sich das Leben süß und leicht zu machen, sondern die vielmehr widersprechende, sich durchkreuzende Neigungen und Wünsche und verschiedenes Interesse hegen, unglücklicherweise sich nun auf ewig aneinandergekettet sehen; so ist das in der Tat eine höchst traurige Lage, eine Existenz voll immerwährender herber Aufopferung, ein Stand der schwersten Sklaverei, ein Seufzen unter den eisernen Fesseln der Notwendigkeit, ohne Hoffnung einer andern Erlösung, als wenn der dürre Knochenmann mit seiner Sense dem Unwesen ein Ende macht. [...] Wähle also mit Vorsicht die Gefährtin Deines Lebens, wenn Deine künftige häusliche Glückseligkeit nicht ein Spiel des Zufalls sein soll.

Ich glaube nicht, daß eine völlige Gleichheit in Temperamenten, Neigungen, Denkungsart, Fähigkeiten und Geschmack durchaus erfordert werde, um eine frohe Ehe zu stiften; vielmehr mag wohl zuweilen grade das Gegenteil (nur nicht in zu hohem Grade, noch in Hauptgrundsätzen, noch ein zu beträchtlicher Unterschied von Jahren) mehr Glück gewähren. Bei einem Bande, das auf gemeinschaftlichem Interesse beruht, und wo alle Ungemächlichkeit des einen Teils zugleich mit auf den andern fällt, ist es zur Vermeidung übereilter Schritte und deren schädlicher Folgen oft sehr gut, wenn die zu große Lebhaftigkeit, das rasche Feuer des Mannes durch Sanftmut oder ein wenig Phlegma von seiten des Weibes gedämpft wird, und umgekehrt. So würde auch mancher Haushalt zugrunde gehn, wenn beide Eheleute gleichviel Lust an Aufwand, Pracht, Üppigkeit, einerlei Liebhabereien oder gleichviel Hang zu einer nicht immer wohlgeordneten Wohltätigkeit und Geselligkeit hätten.

Wichtig ist die Sorgfalt, welche Eheleute anwenden müssen, wenn sie sich so täglich sehen und sehn müssen und also Muße und Gelegenheit genug haben, einer mit des andern Fehlern und Launen bekannt zu werden und, selbst durch die kleinsten derselben, manche Ungemächlichkeit zu leiden; wichtig ist es, Mittel zu erfinden, sich dann nicht gegenseitig lästig, langweilig, nicht kalt, gleichgültig gegeneinander zu werden oder gar Ekel und Abneigung zu empfinden. Hier ist also weise Vorsicht im Umgange nötig. Verstellung fällt in allem Betrachte weg; aber einer gewissen Achtsamkeit auf sich selbst und der möglichsten Entfernung alles dessen, was sicher widrige

Eindrücke machen muß, soll man sich befleißigen. Man setze daher nie gegeneinander jene Höflichkeit aus den Augen, die sehr wohl mit Vertraulichkeit bestehn mag und die den Mann von feiner Erziehung bezeichnet. Ohne sich fremd zu werden, sorge man doch dafür, daß man durch oft wiederholte Gespräche über dieselben Gegenstände nicht langweilig sei, daß man sich nicht so auswendig lerne, daß jedes Gespräch der Eheleute unter vier Augen lästig scheint und man sich nach fremder Unterhaltung sehnt.

Man gewöhne sich selbst und einer den andern nicht an Üppigkeit, Wollust, Weichlichkeit und Schwelgerei, mache, daß die körperlichen Bedürfnisse und Begierden nicht zu heftig in uns werden; man sei, selbst in der Ehe, schamhaft, keusch, delikat und kokett in Gunstbezeugungen, um Ekel, Überdruß und faunische Lüsternheit zu entfernen. Ein Kuß ist ein Kuß, und es wird wahrlich fast immer des Weibes Schuld sein, wenn ein sonst nicht schlechter Mann diesen Kuß, den er von treuen, reinen und warmen Lippen ehrenvoll und bequem zu Hause erlangen könnte, mit Hintansetzung von Pflicht und Anstand, bei Fremden holt. Hat aber die größre Schwierigkeit und Seltenheit so viel Reiz für den Menschen; ei nun! so suche man, auch der ehelichen Vertraulichkeit diesen Reiz der Neuheit zu geben, zuweilen kleine Hindernisse in den Weg zu legen, oder durch Enthaltsamkeit, Entfernung u. dgl. das Verlangen darnach zu vermehren! In weiter fortrückenden Jahren fällt dann auch dieser Vorwitz so ziemlich weg, denn da werden ja die Triebe bescheidner und leichter von der Vernunft zu regieren, oder man müßte sie mutwilligerweise reizen.

Das erste und natürlichste Band unter den Menschen, nächst der Vereinigung zwischen Mann und Weib, ist von jeher das Band unter Eltern und Kindern gewesen. Wenngleich das Zeugungsgeschäft nicht eigentlich absichtliche Wohltat für die folgende Generation ist, so gibt es doch wenig Menschen, die nicht ganz gut damit zufrieden wären, daß jemand sich die Mühe gegeben hat, sie in die Welt zu setzen; und obwohl in unsern Staaten die Eltern ihre Kinder nicht bloß aus freiem Willen auferziehen, nähren und pflegen, so ist es doch abgeschmackt zu sagen: die mannigfaltige Bemühung, welche dies erfordert und nach sich zieht, lege keine Art von Verbindlichkeit auf, oder es sei nicht wahr, daß ein Zug von Wohlwollen, Sympathie und Dankbarkeit uns den Personen näherbringe, deren Fleisch und Blut wir sind, unter deren Herzen wir gelegen, die uns gefüttert, für uns gewacht, gesorgt, die alles mit uns geteilt haben.

Wer Achtung und Zuneigung als Pflicht fordert, der muß auch Achtung und Zuneigung zu verdienen wissen, und wenn Du willst, daß Deine Frau Dich unter allen Menschen am mehrsten ehren und lieben soll; so verlasse Dich nicht darauf, daß sie Dir's am Altare versprochen hat – wer kann so etwas versprechen? – sondern darauf, daß Du alle Kräfte aufbiethest, besser zu sein als Andre! aber besser in jedem Betrachte [...].

Ich habe immer geglaubt, daß sich über Erziehung keine allgemeine Regeln geben ließen, sondern daß sich diese nach Zeit und Umständen richten müßten, weil doch ihr Hauptzweck ist, Menschen zu bilden, die *in ihr Zeitalter* passen und als nützliche Bürger zu ihrer und ihrer Mitbürger Vervollkommnung und Glückseligkeit alles mögliche beitragen sollen.

Nun noch etwas von dem Umgange mit Kindern, aber nur sehr wenig, denn hiervon weitläufig zu reden, das hieße ein Werk über Erziehung schreiben, und das ist ja nicht mein Zweck.

Der Umgang mit Kindern hat für einen verständigen Mann unendlich viel Interesse. Hier sieht er das Buch der Natur in unverfälschter Ausgabe aufgeschlagen. Er sieht den wahren, einfachen Grundtext, den man nachher oft mit Mühe nur unter dem Wuste von fremden Glossen, Verzierungen und Verbrämungen herausfinden kann; die Anlage zu der Originalität in den Charakteren, die nachher leider mehrenteils entweder ganz verlorengeht oder sich hinter der Maske der feinern Lebensart und konventionellen Rücksichten versteckt, liegt noch offen da; über viel Dinge urteilen Kinder, von Systemgeist, Leidenschaft und Gelehrsamkeit unverführt, weit richtiger als Erwachsene; sie empfangen manche Eindrücke weit schneller, haben noch eine große Anzahl Vorurteile weniger gefaßt – kurz, wer Menschen studieren will, der versäume nicht, sich unter Kinder zu mischen!

Heilige Pflicht ist es, [...] sich leichtfertiger Reden und Handlungen zu enthalten, die von niemand so lebhaft als von den auf alles Neue so aufmerksam horchenden, so fein beobachtenden Kinder aufgefangen werden; ihnen in jeder Art Tugend, in Wohlwollen, Treue, Aufrichtigkeit und Anständigkeit Beispiel zu geben – kurz, zu ihrer Bildung alles nur mögliche beizutragen.
Immer herrsche Wahrheit in Deinen Reden und in Deinem Betragen gegen diese jungen Geschöpfe. Laß Dich herab (jedoch nicht auf eine Weise, die ihnen selbst lächerlich vorkommen muß) zu dem Tone, der ihnen nach ihrem Alter verständlich ist! Zerre, necke die Kinder nicht, wie einige Leute die Gewohnheit haben – das hat böse Einflüsse auf den Charakter.
Weit entfernt von uns aber bleibe es, die ungezognen Knaben und Mädchen der Großen niederträchtigerweise zu schmeicheln, dadurch den Hochmut, den Eigensinn und die Eitelkeit dieser mehrenteils schon so sehr verderbten Dingerchen zu nähren, zu ihrer moralischen Verschlimmerung etwas beizutragen und das Grundgesetz der Natur zu übertreten, welches befiehlt, daß das Kind dem reifern Alter, nicht aber der Mann dem Knaben huldige.

Wer einst Bürger werden will, muß lernen, sich an konventionellen Zwang gewöhnen. Es gibt keine freie Menschen in Staaten, und die Kinderjahre sind grade die, wo sie noch Zwang ertragen lernen *können* und *müssen*. Früh soll der Knabe zu der Einsicht geleitet werden, daß man zum gemeinen Besten spezielle Freuden aufopfern muß; daß Freiheit, die nicht von Vernunft geleitet wird, schädliche Wirkungen hervor bringt [...].

Ist es weise gehandelt, daß man, indes Despotismus Zwang und Übergewicht des *savoir faire* über wahre Verdienste immer allgemeiner, die Verhältnisse der Menschen unter einander immer zusammengesetzter, die Mittel durch die Welt zu kommen immer verwickelter werden, den Kindern übertriebenen Freiheits-Sinn und Ungeschmeidigkeit einflöße, statt sie früh mit den Grundsätzen einer die Redlichkeit nicht empörenden, täglich nötiger werdenden bürgerlichen Klugheit bekannt zu machen?

Es könne doch wohl nicht schaden, wenn man die Jugend an ein wenig mehr Zwang und Pedanterie gewöhnte, da sie in der Folge in allen Verhältnissen sich dergleichen gefallen lassen müßte.

Man sollte eigentlich gar nicht *spielen* in der Welt. Das wenigstens sollen die Kinder früh lernen, daß man *ernsthafte Dinge* durchaus *ernsthaft* behandeln muß.

Es gibt Eltern, die, umhergetrieben in einem beständigen Wirbel von Zerstreuungen, ihre Kinder kaum ein paar Stunden des Tages sehen, ihren Vergnügungen nachrennen und indes Mietlingen die Bildung ihrer Söhne und Töchter überlassen, oder wenn diese schon erwachsen sind, mit ihnen auf einem so fremden, höflichen Fuße leben, als wenn sie ihnen gar nicht gehörten. Wie unnatürlich und unverantwortlich dies Verfahren sei, das bedarf wohl keines Beweises. Es gibt aber andre Eltern, die von ihren Kindern eine so sklavische Ehrerbietung und so viel Rücksichten und Aufopferungen fordern, daß durch den Zwang und den gewaltigen Abstand, der hieraus entsteht, alles Zutraun, alle Herzensergießung wegfällt, so daß den Kindern die Stunden, welche sie an der Seite ihrer Eltern hinbringen müssen, fürchterlich und langweilig vorkommen. Noch andre vergessen, daß Knaben auch endlich Männer werden; sie behandeln ihre erwachsenen Söhne und Töchter immer noch als kleine Unmündige, gestatten ihnen nicht den geringsten freien Willen und trauen den Einsichten derselben nicht das mindeste zu. – Das alles sollte nicht so sein. Ehrerbietung besteht nicht in feierlicher, strenger Entfernung, sondern kann recht gut mit freundschaftlicher Vertraulichkeit bestehn. Man liebt den nicht, an welchen man kaum hinaufzuschauen wagen darf; man vertraut sich dem nicht an, der immer mit steifem Ernste Gesetz predigt; Zwang tötet alle edle, freiwillige Hingebung.

Keine Wohltat ist größer als die des Unterrichts und der Bildung. Wer jemals etwas dazu beigetragen hat, uns zu weisern, bessern und glücklichern Menschen zu machen, der müsse unsers wärmsten Danks lebenslang gewiß sein können.

Überhaupt verdienen ja diejenigen wohl mit vorzüglicher Achtung behandelt zu werden, die sich redlich dem wichtigen Erziehungsgeschäfte widmen. Es ist wahrlich eine höchst schwere Arbeit, Menschen zu bilden – eine Arbeit, die sich nicht mit Gelde bezahlen läßt. Der geringste Dorfschulmeister, wenn er seine Pflichten treulich erfüllt, ist eine wichtigere und nützlichere Person im Staate als der Finanzminister, und da sein Gehalt gewöhnlich sparsam genug abgemessen ist, was kann da billiger sein, als daß man diesem Manne wenigstens durch einige Ehrenbezeugung das Leben süß und das Joch erträglich zu machen suche?

Was nun die Universitäten betrifft, so lehrt uns die Erfahrung, daß dort die Jünglinge mit einer Menge unnützer Dinge geplagt werden, die sie nachher wieder vergessen müssen; daß der dort herrschende Systemgeist, Schlendrian, Autoritätszwang, Pedantismus und dergleichen manchen guten Kopf verschraubt und vom Selbstdenken ableitet.

Von Frauenzimmern und gelehrten Weibern

Wenn ich allein, oder auch nur vorzüglich, für Frauenzimmer schriebe, so würde ich eine Menge der schon gegebenen und noch folgenden Vorschriften teils gänzlich übergehn, teils modifizieren, teils andre an deren Stelle setzen müssen, die alsdann für Männer weniger brauchbar wären [...]. Weise Frauenzimmer allein können den Personen ihres Geschlechts die besten Lehren über ihr Betragen im gesellschaftlichen Leben erteilen; das ist eine Arbeit, die Männern nicht gelingen würde.

Die Weiber haben einen ganz eignen Sinn, um diejenigen unter den Männern zu unterscheiden, welche mit ihnen sympathisieren, sie verstehn, sich in ihren Ton stimmen können. Man hat sehr unrecht, wenn man ihnen schuld gibt, körperliche Schönheit allein mache auf sie so lebhafte Eindrücke; sehr oft hat gerade der entgegengesetzte Fall statt. Ich kenne Jünglinge mit Antinousgestalten, die ihr Glück bei dem schönen Geschlechte nicht machen, und hingegen Männer mit fast garstigen Larven, die dort gefallen und Teilnehmung erwecken.

Frauenzimmer haben zuweilen sonderbare Grillen; man weiß nicht immer, wie sie sich vorstellen, daß sie aussehn, wie sie gern aussehn möchten. Die eine affektiert Simplizität, Unschuld, Naivität; die andre macht Anspruch an hohe Grazie, Adel und Würde in Gang und Gebärde; die eine sähe es gern, wenn man sagte: Ihr Gesicht verrate so viel Sanftmut; eine andre möchte männlich klug, entschlossen, geistvoll, erhaben aussehn; diese möchte mit ihren Blicken zu Boden stürzen können; jene mit ihren Augen alle Herzen wie Butter zerfließen machen; die eine will ein gesundes und frisches, die andre ein kränkliches, leidendes Aussehn haben. – Das sind nun kleine unschädliche Schwachheiten, nach denen man sich wohl richten kann.

Die mehrsten Frauenzimmer wollen ohne Unterlaß amüsiert sein; der angenehme Gesellschafter ist ihnen oft mehr wert als der würdige, konsequente, verdienstvolle Mann, von dessen Lippen Weisheit strömt, wenn er redet, der aber lieber schweigen, als leere Worte sprechen mag. Allein kein Gegenstand scheint ihnen unterhaltender als ihr eigenes Lob, wenn es nicht zu grob eingekleidet wird – doch auch damit nehmen es manche so genau nicht.

Ein großes Ressort im weiblichen Charakter ist die Neugier. Auch darauf muß man zu rechter Zeit im Umgange mit ihnen zu wirken und dies Bedürfnis nach den Umständen zu erwecken, zu beschäftigen und zu befriedigen verstehn. Sonderbar genug ist es, wie weit oft Vorwitz und Neugier bei ihnen gehen. Auch die mitleidigsten Seelen unter ihnen empfinden zuweilen einen unbezwinglichen Trieb, schreckliche Szenen, Exekutionen, Operationen, Wunden und dergleichen anzuschaun, jämmerliche Mordgeschichten zu hören – Gegenstände, denen sich der weniger weichliche Mann nicht ohne Widerwillen gegenübersieht.

Daß die Rache eines unedeln Weibes fürchterlich, grausam, dauernd und nicht leicht zu versöhnen ist, das hat man schon so oft gesagt, daß ich es hier zu wiederholen fast nicht nötig finde. Wirklich sollte man es kaum glauben, welche Mittel solche Furien ausfindig zu machen wissen, einen ehrlichen Mann, von dem sie sich beleidigt glauben, zu martern, zu verfolgen; wie unauslöschlich ihr Haß ist; zu welchen niedrigen Mitteln sie ihre Zuflucht nehmen. Der Verfasser dieses Buchs hat leider selbst eine Erfahrung von der Art gemacht.

Übrigens bleibt es doch immer gewaltig hart, daß wir Männer uns so leicht alle Arten von Ausschweifungen erlauben, den Weibern aber, die von Jugend auf durch uns zur Sünde gereizt werden, keinen Fehltritt verzeihn wollen, obgleich freilich für die bürgerliche Verfassung diese größre Strenge gegen das schwächere Geschlecht sehr heilsam ist.

Wenden wir uns zu den gelehrten Weibern! Es gibt Damen, die, neben allen häuslichen und geselligen Tugenden, neben der edelsten Einfalt des Charakters und neben der Anmut weiblicher Schönheit, durch tiefe Kenntnisse, seltene Talente, feine Kultur, philosophischen Scharfsinn in ihren Urteilen und Bestimmtheit im Ausdrucke, Gelehrte vom Handwerke beschämen. [...] Ich muß gestehn, daß mich immer eine Art von Fieberfrost befällt, wenn man mich in Gesellschaft einer Dame gegenüber oder an die Seite setzt, die große Ansprüche auf Schöngeisterei oder gar auf Gelehrsamkeit macht. Wenn

die Frauenzimmer doch nur überlegen wollten, wieviel mehr Interesse diejenigen unter ihnen erwecken, die sich einfach an die Bestimmung der Natur halten und sich unter dem Haufen ihrer Mitschwestern durch treue Erfüllung ihres Berufs auszeichnen.
Ich tadle nicht, daß ein Frauenzimmer ihre Schreibart und ihre mündliche Unterredung durch einiges Studium und durch keusch gewählte Lektüre zu verfeinern suche, daß sie sich bemühe, nicht ganz ohne wissenschaftliche Kenntnisse zu sein; aber sie soll kein Handwerk aus der Literatur machen; was nun den Umgang mit solchen Frauenzimmern angeht, die auf Literatur Anspruch machen, so versteht sich's, daß, wenn diese Ansprüche gerecht sind, ihr Umgang äußerst lehrreich und unterhaltend ist.

Wer nie mit Weibern bessrer Art umgegangen ist, der entbehrt nicht nur sehr viel reinen Genuß, sondern er wird auch im geselligen Leben nicht weit kommen, und den Mann, der verächtlich vom ganzen weiblichen Geschlechte denkt und redet, mag ich nicht zum Freunde haben. Ich habe die seligsten Stunden in dem Zirkel liebenswürdiger Frauenzimmer verlebt, und wenn etwas Gutes an mir ist, wenn nach so vielfältigen Täuschungen von Menschen und Schicksalen, Erbitterung, Mißmut und Feindseligkeit noch nicht Wohlwollen, Liebe und Duldung aus meiner Seele verdrängt haben, so danke ich es den sanften Einwirkungen, die dieser Umgang auf meinen Charakter gehabt hat.

Was nun die Studien der jungen Frauenzimmer betrifft, so würde ich, außer einem vernünftigen Religionsunterrichte, ihnen zuerst alle Arten weiblicher Arbeit, Kenntnis der Küche und des Haushalts, und Geschicklichkeit im Schreiben und Rechnen beizubringen suchen. Sodann würde der Unterricht in Sprachen folgen, und zwar in der französischen, und nach den Umständen in der englischen und italienischen. Darauf folgten Geschichte, Erdbeschreibung, und Naturgeschichte und was dahin einschlägt, ein bisgen Physik u.s.f. Der Tanzmeister müßte für die Bildung des Körpers sorgen helfen. Wenn ich bei meiner Tochter nicht ganz entschiednes Talent für Musik bemerkte, so würde ich (der ich selbst Musiker mit Leib und Seele bin) sie abhalten sehr viel Zeit daran zu wenden. Nicht nur ist eine mittelmäßige Dilettantin ein gar uninteressantes Wesen, bei der Menge von Leuten, die heutzutage das Ding treiben, sondern wenn auch würklich ein Mädchen recht viel gewußt hat; so läßt sie doch diese Liebhaberei gewöhnlich liegen, wenn sie Hausmutter wird. Mein Hauptgrund zu diesem Rate aber ist, daß ich aus Erfahrung weiß, daß zu reizbare weibliche Geschöpfe durch Musik oft zu einer für sie und ihre Gatten gleich gefährlichen Empfindsamkeit gestimmt werden.

Zeichenkunst hingegen scheint mir für ein Frauenzimmer gleich nützliche angenehme und unschädliche Beschäftigung.

Wie vorsichtig man in Auswahl der Bücher, besonders der Romanen, welche die Töchter lesen sollen, sein müsse, und wie noch vorsichtiger in Besuchung der Schauspielhäuser, wie man aber bei allem den Schein vermeiden müsse, als fürchte man sich für Gefahr, wie man endlich überhaupt durch Entziehung mancher uns nachteilig scheinenden Dingen, die Begierde nach diesen verbotenen Dingen nicht noch mehr anfeuern muß.

Genuß im Umgang mit Freunden

Keine freundschaftlichen Verbindungen pflegen dauerhafter zu sein, als die, welche in der frühern Jugend geschlossen werden. Man ist da noch weniger mißtrauisch, weniger schwierig in Kleinigkeiten; das Herz ist offner, geneigter sich mitzuteilen, sich anzuschließen; die Charaktere fügen sich leichter zusammen; man gibt von beiden Seiten nach und setzt sich in gleiche Stimmung; man erfährt miteinander so manches, erinnert sich der sorglosen, gemeinschaftlich vollbrachten glücklichen Jugendjahre und rückt mit gleichen Schritten in Kultur und Erfahrung fort.

Baue nicht eher fest auf treue, immer Stich haltende Liebe und Freundschaft, als bis Du erst solche Proben gesehn hast, die *Aufopferung* kosten. Die mehrsten Menschen, die uns so herzlich ergeben scheinen, treten zurück, sobald es darauf ankommt, ihren Lieblingsneigungen zu unserm Vorteile zu entsagen. Darauf ist also Rücksicht zu nehmen, wenn man wissen will, was ein Mensch uns wert ist. Es ist keine Kunst, alles zu leisten, was man nur wünschen mag, das einzige ausgenommen, was Überwindung kostet.

Es ist ein ziemlich allgemein angenommener Grundsatz, daß zu vollkommner Freundschaft Gleichheit des Standes und der Jahre erfordert werde. [...] Doch habe ich schon zärtliche und dauerhafte Freundschaften unter

Leuten wahrgenommen, die weder dem Alter noch dem Stande nach sich ähnlich waren, und wenn man sich an dasjenige erinnert, was ich zu Anfange des ersten Kapitels in diesem Teile gesagt habe, so wird man dies leicht erklären können. Es gibt junge Greise und alte Jünglinge; feine Erziehung, Mäßigkeit in Wünschen, Freiheit in Denkungsart und Unabhängigkeit der Lage erheben den Bettler zu einem Mann von hohem Stande, so wie verachtungswürdige Sitten, unedle Begierden und niedrige Gesinnungen selbst einen Fürsten zu dem Pöbel herabwürdigen können.

Warum haben sehr vornehme und sehr reiche Leute so wenig wahren Sinn für Freundschaft? Sie fühlen weniger Seelenbedürfnis. Ihre Leidenschaften zu befriedigen, rauschenden, betäubenden Freuden nachzurennen, immer zu genießen, geschmeichelt, gelobt, geehrt zu werden, darum ist es ihnen allen mehr oder weniger zu tun. Von Personen ihresgleichen werden sie durch Eifersucht, Neid und andre Leidenschaften getrennt; die noch Größeren suchen sie nur auf, wenn sie ihrer zur Begünstigung eigennütziger oder ehrgeiziger Absichten bedürfen; die Geringern und Ärmern aber halten sie in einer so großen Entfernung von sich, daß sie von ihnen weder die Wahrheit annehmen, noch den Gedanken ertragen können, sich mit ihnen gleichzustellen. Auch bei den Besten unter ihnen erwacht früh oder spät die Vorstellung, daß sie von besserem Stoffe seien, und das tötet dann die Freundschaft.

Hast Du nun einen [...] treuen Freund gefunden, so bewahre ihn auch! Halte ihn in Ehren, auch dann, wenn das Glück Dich plötzlich über ihn erhebt, auch da, wo Dein Freund nicht glänzt, wo Deine Verbindung mit ihm durch die Stimme des Volks nicht gerechtfertigt zu werden scheint. Schäme Dich nie Deines ärmern, weniger hochgeschätzten Freundes. Beneide nicht den Dir vorgezogenen Freund. Hänge fest an ihm, ohne ihm lästig zu werden. Fordre nicht mehr von ihm, als Du selbst leisten würdest, ja, fordre nicht einmal so viel, wenn Dein Freund nicht in allen Stücken mit Dir einerlei lebhaftes Temperament, einerlei Fähigkeiten, einerlei Grad von Empfindnis hat.

Freunde, die uns in der Not nicht verlassen, sind äußerst selten. – Sei Du einer dieser seltenen Freunde! Hilf, rette, wenn Du es vermagst, opfre Dich auf – nur vergiß nicht, was Klugheit und Gerechtigkeit gegen Dich und andre von Dir fordern. Aber tobe nicht, klage nicht, wenn andre nicht ein Gleiches für Dich tun. Nicht immer herrscht böser Willen bei ihnen.

Es gibt Menschen, die gar keinen vertrauten Freund, sondern nur Bekannte haben; entweder weil ihnen der Sinn für dies Seelenbedürfnis fehlt oder weil sie keinem lebendigen Wesen trauen oder weil ihre Gemütsart kalt, unverträglich, verschlossen, eitel oder zänkisch ist. Andre sind aller Welt Freunde; sie werfen ihr Herz jedermann vor die Füße, und deswegen bückt sich keiner, greift niemand darnach, es aufzunehmen. – Lasset uns zu keiner von beiden Klassen gehören!

Übrigens rate ich, wenn man sich so weit in seiner Gewalt haben kann, mit so wenig Leuten als möglich *vertraulich* zu werden, nur einen kleinen Zirkel von Freunden zu haben und diesen nur mit äußerster Vorsicht zu erweitern. Gar zu leicht mißbrauchen oder vernachlässigen uns die Menschen, sobald wir mit ihnen vollkommen vertraulich werden.

Über Leute aus allerlei Ständen im bürgerlichen Leben

Jeder hat eine Bestimmung, und wenn er diese erfüllt; so ist er in jedem Stande ein verehrungswürdiger Mann. Der redliche fleißige Handwerker ist viel vornehmer, sehr [...] viel mehr wert, als der faule schlechte Minister, und nur das Verderbnis der menschlichen Einrichtungen hat einen so lächerlichen Vorzug eines Standes vor dem andern eingeführt. Laßt Euch das sagen, Ihr die Ihr mit erkauften Titeln, mit ererbten Vorzügen, mit fremden Verdiensten prahlt! Laßt es Euch sagen: Der nützliche Mann ist der beste, der vornehmste Mann, und je mehr einer zum allgemeinen Besten beiträgt, um desto höher steht er in den Augen des Weisen.

So lange es eine Chimäre bleibt, das goldne Zeitalter, die allgemeine Freiheit und Gleichheit unter den Menschen wieder herbeizuführen; so lange es noch Staaten, und in diesen, Abteilungen unter den Bürgern geben muß, so lange muß man jeder dieser Klassen eine Lebensart erlauben, die ihrer Bestimmung angemessen ist, und die sie ertragen kann.

Machen wir den Anfang mit den *Ärzten*. Kein Stand ist für das Menschengeschlecht wohltätiger als dieser, wenn er seine Bestimmung erfüllt. Der Mann, welcher alle Schätze der Natur durchwühlt und ihre Kräfte erforscht, um Mittel aufzusuchen, das Meisterstück der irdischen

Schöpfung, den Menschen, von den Plagen zu befreien, von denen sein sichtbarer, materieller Teil befallen wird, die seinen Geist zu Boden drücken und oft schon seine Maschine zerstören, ehe noch einmal sich jede Kraft in ihm entwickelt hat; der Mann, der sich nicht scheuet vor dem Anblicke des Elendes, Jammers und Schmerzes, der seine Gemächlichkeit, seine Ruhe, selbst seine eigene Gesundheit und sein Leben daranwagt, um den leidenden Brüdern beizustehn, dieser Mann verdient Verehrung und warmen Dank. Er gibt einer zahlreichen Familie ihren Beschützer, ihren Erhalter, ihren Wohltäter wieder, erhält unmündigen Kindern ihren Vater, Ernährer und Erzieher, führt vom Rande des Grabes den edeln Gatten zurück in die Arme seines treuen Weibes – mit einem Worte, kein Stand hat so unmittelbar segenvollen Einfluß auf das Wohl der Welt, auf das Glück, auf die Ruhe, auf die Zufriedenheit der Mitbürger als der eines Arztes. Und wenn man bedenkt, welch ein Umfang von Kenntnissen dazu gehört!

[...] Es gibt aber unter den Söhnen Äskulaps auch unzählige Leute von ganz andrer Art, Leute, denen der Doktorhut das Privilegium gibt, an armen Kranken Versuche ihrer Unwissenheit zu machen; Leute, die den Körper des Patienten als ihr Eigentum, als ein Gefäß ansehn, in welches sie nach Willkür allerlei flüssige und trockne Materien schütten dürfen, um wahrzunehmen, welche Wirkung durch den Streit dieser salzartigen, sauren und geistigen Dinge hervorgebracht wird, und wobei sie nichts wagen als höchstens, daß – das Gefäß zugrunde geht. Andern fehlt es bei der gründlichsten Kenntnis an Beobachtungsgeist. Sie verwechseln die Zeichen der Krankheiten, lassen sich durch falsche Berichte der Patienten täuschen, forschen nicht kaltblütig, nicht tief, nicht fleißig genug und verordnen dann Mittel, die gewiß helfen würden – wenn wir die Krankheit hätten, mit welcher sie uns behaftet glauben. Wieder andre kleben an Systemgeist, an Autorität, an Mode und schieben nie auf ihre Blindheit, sondern auf die Natur die Schuld, wenn ihre Arzneimittel andre Wirkungen hervorbringen als die, welche sie aus Vorurteil ihnen zutrauen; endlich noch andre halten aus Gewinnsucht die Genesung der Leidenden auf, um desto länger nebst dem Apotheker und Wundarzte den Vorteil davon zu ziehn.

Fordert [...] die Not, daß Du Dich an einen Doktor wendest, und Du willst Dir einen unter dem Haufen aussuchen, so gib zuerst acht, ob der Mann gesunde Vernunft hat; ob er über andre Gegenstände mit Klarheit, unparteiisch, ohne Vorurteil räsoniert; ob er bescheiden, verschwiegen, fleißig, anhänglich an seine Kunst ist; ob er ein gefühlvolles, menschenliebendes Herz offenbart; ob er seine Kranken mit einer Menge verschiedener Arzeneien zu bestürmen oder sich einfacher Mittel zu bedienen, der Natur womöglich ihren Lauf zu lassen pflegt; ob er eine Diät empfiehlt, die nach seinen Begierden abgemessen, ob er verbietet, was ihm zuwider ist, anrät, wozu er Appetit hat; ob er sich im Reden zuweilen widerspricht; ob er Brotneid gegen seine Kunstverwandten, ob er sich bereitwilliger zeigt, den Großen und Reichen als den Niedern und Armen beizustehn? Bist Du über diese Punkte befriedigt und beruhigt, so vertraue Dich ihm an.

Wenden wir uns nun zu den *Juristen*. Nächst den natürlichen Gütern, nächst der Wohlfahrt des Geistes, der Seele und des Leibes ist in der bürgerlichen Gesellschaft der sichre Besitz des Eigentums das Heiligste und Teuerste. Wer dazu beiträgt, uns diesen Besitz zuzusichern; wer sich weder durch Freundschaft noch Parteilichkeit noch Weichlichkeit noch Leidenschaft noch Schmeichelei noch Eigennutz noch Menschenfurcht bewegen läßt, auch nur einen einzigen kleinen Schritt von dem graden Wege der Gerechtigkeit abzuweichen; wer durch alle Künste der Schikane und Überredung, durch die Unbestimmtheit, Zweideutigkeit und Verwirrung der geschriebenen Gesetze hindurch klar zu schauen und den Punkt, den Vernunft, Wahrheit, Redlichkeit und Billigkeit bestimmen, zu treffen weiß; wer der Beschützer des Ärmern, des Schwächern und Unterdrückten gegen den Stärkern, Reichern und Unterdrücker; wer der Waisen Vater, der Unschuldigen Retter und Verteidiger ist – der ist gewiß unsrer ganzen Verehrung wert.
Doch ist es in der Tat traurig – um auch das Böse nicht zu verschweigen – daß in diesem Stande die Handlungen so vieler Richter und Advokaten sowie die Justizverfassung in den mehrsten Ländern sehr mannigfaltige Gelegenheit zu harten Beschuldigungen geben. Da widmen sich denn die schiefsten Köpfe dem Studium der Rechtsgelehrsamkeit, womit sie keine andren feinen Kenntnisse verbinden [...].
Ihr barbarischer Stil, ihre bogenlangen Perioden, ihre Gabe, die einfachste, deutlichste Sache weitschweifig und unverständlich zu machen, erfüllt jeden, der Geschmack und Gefühl für Klarheit hat, mit Ekel und Ungeduld. Wenn Du auch nicht das Unglück erlebst, daß

Deine Angelegenheit einem eigennützigen, parteiischen, faulen oder schwachköpfigen Richter in die Hände fällt, so ist es schon genug, daß Dein oder Deines Gegners Advokat ein Mensch ohne Gefühl, ein gewinnsüchtiger Gauner, ein Pinsel oder ein Schikaneur sei, um bei einem Rechtsstreite, den jeder unbefangene gesunde Kopf in einer Stunde schlichten könnte, viel Jahre lang hingehalten zu werden, ganze Zimmer voll Akten zusammengeschmiert zu sehn und dreimal soviel an Unkosten zu bezahlen, als der Gegenstand des ganzen Streits wert ist, ja am Ende die gerechteste Sache zu verlieren und Dein offenbares Eigentum fremden Händen preiszugeben. Und wäre beides nicht der Fall, wären Richter und Sachwalter geschickte und redliche Männer, so ist der Gang der Justiz in manchen Ländern von der Art, daß man Methusalems Alter erreichen muß, um das Ende eines Prozesses zu erleben.

Man sei äußerst vorsichtig im Schreiben, Reden, Versprechen und Behaupten gegen Rechtsgelehrte. Sie kleben am Buchstaben; ein juristischer Beweis ist nicht immer ein Beweis der gesunden Vernunft; juristische Wahrheit zuweilen etwas mehr, zuweilen etwas weniger als gemeine Wahrheit; juristischer Ausdruck nicht selten einer andern Auslegung fähig als gewöhnlicher Ausdruck und juristischer Wille oft das Gegenteil von dem, was man im gemeinen Leben Willen nennt.

Ein Professor, der in der literarischen Welt eine nicht gemeine Rolle spielt, meint in seiner gelehrten Einfalt, die

Universität, auf welcher er lebt, sei der Mittelpunkt aller Wichtigkeit, und das Fach, in welchem er sich Kenntnisse erworben, die einzige dem Menschen nützliche, wahrer Anstrengung allein werte Wissenschaft. Er nennt jeden, der sich darauf nicht gelegt hat, verächtlicherweise einen Belletristen; einer Dame, die bei ihrer Durchreise den berühmten Mann kennenzulernen wünscht und ihn desfalls besucht, schenkt er seine neue, in lateinischer Sprache geschriebene Dissertation, wovon sie nicht ein Wort versteht; er unterhält die Gesellschaft, welche sich darauf gefreut hatte, ihn recht zu genießen, bei der Abendtafel mit Zergliederung des neuen akademischen Kreditedikts, oder, wenn der Wein dem guten Manne jovialische Laune gibt, mit Erzählung lustiger Schwänke aus seinen Studentenjahren.

Kein Stand hat vielleicht so viel Annehmlichkeit als der eines *Kaufmanns*, wenn dieser nicht ganz mit leerer Hand anfängt, wenn das Glück ihm nicht entschieden zuwider ist, wenn er ein wenig vor sich gebracht hat, wenn er seine Unternehmungen mit gehöriger Klugheit treibt, nicht zu viel wagt und auf das Spiel setzt. Kein Stand genießt einer so glücklichen Freiheit als dieser. Kein Stand hat von jeher so unmittelbar tätigen, wichtigen Einfluß auf Moralität, Kultur und Luxus gehabt als die Kaufmannschaft.

Diese werden von ihrer ersten Jugend an gewöhnlich so mit Leib und Seele nur dahin gerichtet, auf Geld und Gut ihr Augenmerk und für nichts anders Sinn zu haben als für Reichtum und Erwerb, daß sie den Wert eines Menschen fast immer nach der Schwere seiner Geldkasten beurteilen, und bei ihnen: *der Mann ist gut*, soviel heißt als: *der Mann ist reich*. Hierzu gesellt sich wohl noch besonders in Reichsstädten eine Art von Prahlerei, eine Begierde, es andern ihresgleichen, da wo es in die Augen fällt, an Pracht zuvorzutun, um zu zeigen, daß ihre Sachen fest stehen. Da sich aber mit dieser Neigung immer noch Sparsamkeit und Habsucht verbinden, und sie, sobald es nicht bemerkt wird, in ihren Häusern äußerst eingeschränkt und hungrig leben und sich sehr viel versagen, so bemerkt man da einen Kontrast von Kleinlichkeit und Glanz, von Geiz und Verschwendung, von Niederträchtigkeit und Stolz, von Unwissenheit und Prätension, der Mitleiden erregt, und so industriös auch sonst die Kaufleute sind, so fehlt es ihnen doch mehrenteils an der Gabe, ein kleines Fest durch geschmackvolle Anordnung glänzend und mit wenig Kosten einen anständigen Aufwand zu machen.

Die Herrn *Buchhändler* verdienten wohl ein eignes Kapitel. In demselben könnte man sehr viel Wahres zum Lobe derer unter ihnen sagen, die diesen Handel nicht als einen jüdischen Erwerb treiben, so daß sie etwa wenig darum bekümmert wären, was für Bücher bei ihnen verlegt und gekauft, insofern nur Gelder daraus gelöst werden; denen es nicht gleichgültig ist, ob man sie zu Hebammen von kleinen Krüppeln und Mißgeburten braucht, ob sie zu Werkzeugen der Ausbreitung eines elenden, frivolen, falschen Geschmacks und schlechter Grundsätze dienen; sondern denen [...] Wahrheit, Kultur und Aufklärung am Herzen liegt; die das mißkannte, im Dunkeln lebende Talent ermuntern, aus dem Staube hervorziehen, in Tätigkeit setzen und großmütig unterstützen; die den täglichen Umgang und den Verkehr mit Gelehrten und Büchern dazu anwenden, sich selber Kenntnisse zu sammeln, ihren Geist zu bilden und beßre Menschen zu werden. Und dann würde des Kontrastes wegen das Gegenbild keine üble Wirkung machen. – Das Bild eines Mannes, der, nachdem ein halbes Jahrhundert hindurch die vortrefflichsten Werke durch seine schmutzigen, geldgierigen Finger gegangen, noch immer ebenso unwissend und dumm geblieben – außer was die kleinen Wucherkünste betrifft – als ein zehnjähriger Knabe; der Manuskripte und neue Bücher nach der Dicke, nach dem Titel und nach dem Verhältnisse schätzt und kauft, nach welchem er vermuten kann, daß ein von falschem Geschmacke irregeleitetes Publikum darnach greifen wird; der, um diesen falschen Geschmack zu unterhalten, durch unbärtige Knaben jämmerliche Broschüren, Romänchen und Märchen schreiben und unter seiner Firma in die Welt gehn läßt; der die erbärmlichste Schmiererei, deren Nichtswürdigkeit er selbst fühlt, durch einen vielversprechenden Modetitel oder durch saubre Bildlein aufgesetzt nach Frankfurt und Leipzig schleppt und für diese Lumpereien ein schändendes Lob von feilen Rezensenten erkauft; der den Mann von Talenten wie einen Taglöhner behandelt und bezahlt, von der eingeschränkten häuslichen Lage eines armen Schriftstellers Vorteil zieht, um ein Werk, das Anstrengung aller Kräfte, Nachtwachen und Aufwand von wahrer Geistesgröße erfordert hat, und womit er Tausende gewinnen kann, wie Makulatur zu erhandeln; der, so oft ihm ein Werk angeboten wird, verächtlich die Nase rümpft und den Kopf schüttelt, um desto wohlfeiler daranzukommen [...].

Der Buchhändler, welcher Gefühl von der Würde seines Berufs hat, kann sehr viel zur wahren Aufnahme der Literatur beitragen; allein er hängt wie jeder andre Handelsmann auch von der Mode und den Launen des Publikums und des Glücks ab, und deswegen ist es ihm wohl zu verzeihn, wenn er an gewisse Artikel, die grade zu der Zeit gut abgehen, ohne Rücksicht auf ihren innern Wert mehr wendet wie an andre.

Und welcher Mann verdient wohl mehr Achtung und Vorzug, der, welcher mit besondrer Fertigkeit und mit unausgesetztem Fleiße, jahraus, jahrein, Schwefelhölzer schnitzelt und davon seine Familie ernährt, oder der Bücherschreiber, der einmal vortreffliche Dinge hat drucken lassen, die übrige Zeit seines Lebens aber gefaulenzt und, bei der Ungewißheit, ob er mit seiner Schriftstellerei wirklich etwas Gutes gestiftet, die Gelegenheit und Pflicht, unmittelbar seine Kräfte dem gemeinen Wesen zu widmen, verabsäumt hat? [...] In despotischen Staaten hält sich der geringste Fürstensklave, und wäre er auch nur ein gemeiner Schreiber, für ein Wesen besserer Art als der freie, unabhängige Handwerksmann. – Fort mit diesen Armseligkeiten!

Ein redlicher, arbeitsamer und geschickter *Handwerksmann* [...] ist eine der nützlichsten Personen im Staate,

und es macht unsern Sitten wenig Ehre, daß wir diesen Stand so geringschätzen. Was hat ein müßiger Hofschranze, was hat ein reicher Tagedieb, der um sein bares Geld sich Titel und Rang erkauft hat, vor dem fleißigen Bürger voraus, der seinen Unterhalt auf erlaubte Weise durch seiner Hände Arbeit erwirbt? Dieser Stand befriedigt unsre ersten und natürlichsten Bedürfnisse; ohne ihn würden wir für unsre Nahrung und Kleidung und für alle Gemächlichkeiten des Lebens mit eigenen hohen Händen sorgen müssen; und erhebt sich nun gar der Handwerker oder Künstler (wie es sehr oft der Fall ist) über das Mechanische durch Erfindungskraft und Verfeinerung seiner Kunst, so verdient er doppelte Achtung. Dazu kommt, daß man wirklich unter diesen Leuten, die bei ihren Geschäften Zeit genug haben, an andre gute Dinge zu denken, zuweilen die hellsten Köpfe und Männer antrifft, die freier von Vorurteilen sind als viele, die durch Studieren und Systemgeist ihre gesunde Vernunft verschroben haben.
Man ehre also einen rechtschaffenen und fleißigen Handwerksmann und betrage sich höflich gegen ihn. Man gehe nicht ohne Not, solange man von seiner Arbeit, von seinem Fleiße und von seinen Preisen zufrieden ist, von ihm ab, um sich an einen andern zu wenden. Man mache nicht den Handwerksneid unter diesen Leuten rege. Man ziehe bei gleichen Umständen den Handwerksmann, der unser Nachbar ist, dem entfernter wohnenden vor. Man bezahle ordentlich, pünktlich, bar und dinge ihm nicht über die Grenzen der Billigkeit ab. Unverantwortlich ist das Verfahren so vieler Vornehmen und selbst Reichen, die bei allem Aufwande, den sie machen, nur zuletzt daran denken, die Handwerksleute, welche für sie arbei-

ten, zu befriedigen. Sie verlieren vielleicht in einem Abende Tausende im Spiel und machen es sich zu einem Ehrenpunkte, diese Schuld ohne Aufschub zu tilgen; ihr armer Schuster hingegen muß, um eine Rechnung von zehn Talern, worunter mehr als die Hälfte in baren Auslagen von seiner Armut besteht, bezahlt zu erhalten, jahrelang manchen sauren Weg vergebens tun und sich von einem groben Haushofmeister abweisen lassen.

Lehrreich und wohltätig ist der Umgang mit einem solchen, der sich aus ganzer Seele seinem heiligen Berufe widmet, seinen Verstand und Willen durch den sanften Einfluß der liebevollsten Religion Jesu geläutert hat; der Wahrheit und Tugend mit Eifer und Wärme nachstrebt und die Kraft des Worts durch eigenes Beispiel bestätigt; der seiner Gemeine Bruder, Freund, Wohltäter und Ratgeber, in seinem Vortrage populär, warm und herzlich ist; durch Bescheidenheit, Einfalt der Sitten, Mäßigkeit und Uneigennützigkeit sich als einen würdigen Nachfolger der Apostel auszeichnet; duldend gegen fremde Religionsverwandte, väterlich nachsichtig gegen Verirrte, kein Feind unschuldiger Fröhlichkeit und dabei in seinem häuslichen Zirkel ein guter, zärtlicher und weiser Hausvater ist. Allein nicht alle Diener der Kirche sehen diesem Bilde ähnlich. Menschen ohne Erziehung und Sitten, aus dem niedrigsten Pöbel entsprossen, ohne gesunde Vernunft und ohne andre Kenntnisse, als die dazu gehören, sich nach einem elenden Schlendrian examinieren zu lassen, drängen sich in diesen Stand ein, haschen nach reichen Pfründen und Pfarreien und erlauben sich, um dahin zu gelangen, alle

Arten von Schleichwegen und Niederträchtigkeiten. Haben sie nun ihren Zweck erreicht, dann fährt der echte Pfaffengeist in sie. Geizig, habsüchtig, wollüstig, gefräßig, Schmeichler der Großen und Reichen, übermütig und stolz gegen Niedre, voll Neid und Scheelsucht gegen ihresgleichen, sind sie größtenteils daran schuld, wenn Verachtung der heiligsten Religion so allgemein einreißt. Diese Religion behandeln sie als eine trockne Wissenschaft und ihr Amt als ein einträgliches Handwerk. Auf dem Lande verbauern sie, ergeben sich dem Müßiggange und der Bequemlichkeit und klagen über ungeheure Arbeit, wenn sie alle acht Tage einmal von der Kanzel herunter die Zuhörer mit ihren dogmatischen, armseligen Spitzfindigkeiten einschläfern müssen. Sie angeln nach Geschenken, Erbschaften und Vermächtnissen wie der Teufel nach ihrer Seele. Ihr Ehrgeiz ist unermeßlich; ihr geistlicher Stolz, ihr Despotismus, ihre hierarchische Herrschsucht ohne Grenzen. Den Eifer für die Religon brauchen sie zum Deckmantel ihrer Leidenschaften. Orthodoxie ist die Parole, blinder Glauben und Ehre Gottes das Feldgeschrei, wenn sie den unschuldigen, ruhigen Bürger, der einen Unterschied unter Religion und Theologie macht, die Pfaffen nicht schmeichelt und ihnen nicht opfert, bis in den Tod verfolgen wollen. Ihre Rache ist fürchterlich, unersättlich, ihre Feindschaft unversöhnlich – ich rede aus Erfahrung – gegen den, der sich ihrem eisernen Szepter nicht unterwerfen oder zu ihren Bosheiten nicht schweigen will. Ihre Eitelkeit ist größer als die eines Weibes. Sie schleichen sich in die Häuser und Familien ein, aus Vorwitz, kindischer Neugier, um sich in Händel zu mischen, die sie nichts angehn, um Ränke zu schmieden,

Zwietracht zu stiften und im Trüben zu fischen. Ihre Predigten, ihre Gespräche und Mienen sind Bannstrahlen, Verdammungsurteile und Drohungen gegen andre Religionsverwandte und gegen jeden, der das Unglück hat, nicht glauben zu können, was sie – oft selbst nicht glauben, sondern nur lehren, weil es Geld einbringt. Sie lauschen auf die Fehler ihrer Nebenmenschen, schreien dieselben vergrößert aus, oder wo sie das alles nicht öffentlich tun dürfen, da wirken sie durch andre im Verborgenen oder hängen die Maske der Demut, der Heuchelei, des Eifers für Gottseligkeit und gute Sitten vor, um mit sanfter Stimme, mit Klagen und Winseln die Schwachen auf ihre Seite zu bringen und den Weisern und Bessern bei dem Volke verdächtig zu machen. – Ja solche Ungeheuer gibt es unter den Dienern der Kirchen, und nicht etwa nur in Mönchskutten und Jesuitenmänteln – nein, mancher protestantische Pfaffe würde ein zweiter Hildebrand sein, wenn ihm nicht die Flügel beschnitten wären.

Der Mann, der am glänzendsten von einer Kunst schwätzt, ist darum nicht immer der, welcher die gründlichsten Kenntnisse davon besitzt.

Wenn man sich unter einem Gelehrten immer nur einen Mann denken dürfte, der seinen Geist durch wahrhaftig nützliche Kenntnisse ausgebildet und diese Kenntnisse zur Veredlung seines Herzens angewendet hätte – kurz, einen Mann, den Wissenschaften und Künste zu einem weisern, bessern und für das Wohl seiner Mitbürger tätigern Menschen gemacht hätten, dann brauchte ich hier kein Kapitel über den Umgang mit solchen Leuten zu schreiben. [...]

Wenn aber heutzutage jeder elende Verseschmied, Kompilator, Journalist, Anekdotenjäger, Übersetzer, Plündrer fremder literarischer Güter und überhaupt jeder, der die unbegreifliche Nachsicht unsers Publikums mißbraucht, um ganze Bände voll Unsinn, Torheit und Wiederholung längst besser gesagter Dinge drucken zu lassen, sich selber einen Gelehrten nennt; wenn die Wissenschaften nicht nach dem Grade ihrer Nützlichkeit für die Welt, sondern nach dem veränderlichen, leichtfertigen Geschmacke des lesenden Pöbels geschätzt, spekulative Grillen Weisheit genannt werden, fieberhafte Phantasie für Schwung und Begeisterung gilt; wenn ein Knabe, der sein rauhes Gewäsche in abwechselnd kurzen und langen Zeilen in einen Musen-Almanach einrücken läßt, ein Dichter heißt; wenn der Mensch, der mit seinen Fingern ein Gewühl von falschen Tönen, ohne Verbindung und Ausdruck, den Saiten entlockt, ein Tonkünstler; der, welcher schwarze Punkte, in Abschnitte eingeteilt, auf Papier setzen kann, ein Komponist; der, welcher auf Brettern herumspringt, ein Tänzer genannt wird, dann muß man wohl ein paar Worte darüber sagen, wie man sich im Umgange mit solchen Leuten zu betragen hat, wenn man nicht für einen Mann ohne Geschmack und Kenntnis angesehn sein will.

Spricht aber ein Gelehrter, ein Künstler gern und viel von seinem Fache, so nimm ihm auch das nicht übel auf. Die unglückliche Polyhistorei, die Wut, auf allen Zweigen der Wissenschaften und Künste herumzuhüpfen, sich zu schämen, daß irgend etwas unter der Sonne sein dürfte, worüber wir nicht räsonieren könnten, ist nicht eben das, was unserm Zeitalter an mehrsten Ehre macht, und wenn es langweilig ist, einen Mann alle Gespräche auf seinen Lieblingsgegenstand lenken zu hören, so ist es mehr als langweilig, es ist empörend, wenn ein Schwätzer entscheidende Urteile über Dinge ausspricht, die gänzlich außer seinem Gesichtskreise liegen, wenn der Priester über Politik, der Jurist über Theater, der Arzt über Malerei, die Kokette über philosophische Gegenstände, der süße Herr über Taktik deräsoniert. Erlaube dem Mann, der etwas gelernt hat, mit Leidenschaft von seiner Kunst, von seiner Wissenschaft zu reden, ja gib ihm Gelegenheit dazu. Man ist wahrlich recht viel wert in der Welt, wenn man – doch übrigens bei gesundem Hausverstande – ein Fach aus dem Grunde versteht, und mich ekelt vor den herumwandelnden enzyklopädischen Wörterbüchern; mich ekelt vor den allwissenden, rezitierenden jungen Herrn, mit denen man denn so zuweilen einmal das Unglück hat, in Gesellschaft zu kommen, die den bescheidenen, zweifelnden Forscher mit Machtsprüchen zu Boden schlagen und die, besonders wenn sie von liebenswürdigen gelehrten Damen amüsant gefunden, ganz unausstehlich werden.

Unter den heutigen sogenannten Gelehrten muß man billigerweise einigen unsrer Journalisten und Anekdotensammler einen ansehnlichen Rang einräumen. Mit diesen Leuten aber ist eine ganz besondre Vorsicht im Umgang nötig. Sie stehen gemeiniglich bei geringem Vorrate an eigener Gelehrsamkeit im Solde irgendeiner herrschsüchtigen Partei oder eines Anführers derselben, sei es nun von Naturalisten, Orthodoxen, Deisten, Schwärmern, Philanthropen, Weltbürgern, Mystikern, oder wovon es immer sei. Dann ziehen sie durchs Land, um Märchen zu sammeln, die sie nach Gelegenheit Dokumente nennen, oder mit dem Schwerte der Verleumdung jeden zu verfolgen, der nicht zu ihrer Fahne schwören will, jedem das Maul zu stopfen, der es wagt, an ihrer Unfehlbarkeit zu zweifeln. Ein einziges Wörtchen, das nicht in ihr System paßt und das sie irgendwo auffangen, gibt ihnen Stoff zu Verketzerungen, zu unwürdigen Neckereien, zu Verfolgungen der besten, sorglosesten, planlosesten Menschen. Sei behutsam im Reden, wenn ein solcher Dich freundlich besucht, und erwarte, daß er nachher einmal Dein Porträt und alles drucken lassen werde, was er bei Dir gesehn und gehört hat.

Ich rate desfalls, einen äußerst vertrauten Umgang mit dieser Menschenklasse nur nach der strengsten Auswahl zu suchen. Cantores amant humores, das heißt: auf ein Liedchen schmeckt ein Schlückchen. Sänger, Dichter und dergleichen lieben das Wohlleben, und das kann uns nicht wundern. Es gibt wohl eine Art von Begeisterung, zu der sich die Seele bei der einfachsten, mäßigsten Lebensart erheben kann und, die Wahrheit zu gestehn, das ist wohl die einzige, deren Früchte auf Unsterblichkeit Anspruch machen dürfen. Hoher Schwung des Genius, hinauf zu der heiligen, reinen Quelle, aus welcher er entsprungen, ist freilich ganz von andrer Art als Spannung der Nerven, Erhitzung der Phantasie durch Reizung der Sinne.

Von *Zeitungsschreibern* kann man gerechter Weise nichts weiter fordern, als daß sie, ohne ihre Erzählungen mit eignen Bemerkungen zu kommentieren und ohne Partei zu ergreifen, in einer reinen und ungeschmückten Schreibart alle diejenigen merkwürdigen Begebenheiten treulich, unverstümmelt mitteilen, welche durch Privat-Briefwechsel oder durch andre öffentliche Blätter oder durch glaubwürdige Gerüchte zu ihrer Wissenschaft kommen – wenn sie anders *dürfen*. Da, wo man das aber nicht *darf*, sollte auch billig keine Zeitung geschrieben werden, oder wenigstens der, welchem es darum zu tun ist, zu erfahren, wie es in der Welt hergeht, sollte dergleichen Zeitungen nicht lesen. Blätter, worin alles einseitig dargestellt ist; wo, wenn Schlachten geliefert werden, der Feind immer mit großem Verluste davongelaufen, indes bei dem begünstigten Heere nur eine Kugel durch den Hut eines Pfeifers geflogen ist; Blätter, die zur Hälfte mit Beschreibungen der fürstlichen Geburtstags-Feste, Beförderungen und huldreichen Geschenke, zur andern Hälfte mit Empfehlungen schädlicher Quacksalbereien und erkauften Lobes-Erhebungen schlechter Bücher angefüllt sind, verdienen nicht, gelesen zu werden.

Es gibt Leute, die sich dadurch Gewicht zu geben suchen, daß sie sich ihrer Verbindung, ihrer Verwandtschaft, Freundschaft oder ihres Briefwechsels mit Gelehrten rühmen. Das ist eine Torheit, der man sich enthalten soll. [...] Auch kann ich das Zitieren und Berufen auf fremde Autoritäten wie überhaupt alles Prahlen und Schmücken mit fremden Federn nicht leiden. Das mittelmäßigste selbst Gedachte und mit Überzeugung Gefühlte ist für uns mehr wert als das Vortrefflichste, das wir bloß nachlallen.

Reisen und Reisebilder

Es ist weise gehandelt, bevor man ausreist, aus Büchern oder mündlichen Erzählungen sich genau von dem Wege, den man nehmen will, von demjenigen, was unterwegens und in den Örtern, die man besuchen möchte, zu bemerken, zu beobachten und zu vermeiden ist, nicht weniger von den Preisen und den unvermeidlichen Geldausgaben zu unterrichten, damit man weder betrogen werde, noch in Verlegenheit gerate, noch etwas zu sehn versäume, das der Aufmerksamkeit wert scheint.

In fremden Städten und Ländern ist Vorsichtigkeit im Umgange zu empfehlen, und das in manchem Betrachte. Wir mögen nun dort Unterricht und Belehrung, oder ökonomische und politische Vorteile oder bloß Vergnügen suchen, so ist es sehr notwendig, gewisse Rücksichten nicht zu verachten. Im ersten Falle, nämlich wenn wir reisen, um uns zu unterrichten, versteht sich's vor allen Dingen von selbst, daß wir wohl überlegen, in welchem Lande wir sind, und ob man da ohne Gefahr und Verdruß von allem reden und nach allem fragen dürfe. Es gibt leider auch in Deutschland Staaten, in welchen die Regierungen es nicht gern sehen und es scharf ahnden, wenn gewisse Werke der Finsternis an das Tageslicht gezogen werden. Da ist Behutsamkeit nötig, sowohl in Gesprächen und Nachforschungen als in der Wahl der Menschen, mit denen man sich in Verbindung einläßt. Übrigens muß ich auch hier erinnern, daß sehr wenig Reisende eigentlich Beruf haben, sich um die innere Verfassung fremder Länder zu bekümmern; allein törichte Neugier, Vorwitz, unruhiger Tätigkeitstrieb jagt jetzt haufenweise die Menschen hinaus, um in fremden Gasthöfen, Posthäusern, Klubs und in den Schatzkammern hypochondrischer Gelehrter unsichre Anekdoten zu einem Werkchen zu sammeln, indes sich daheim noch unendlich viel für sie zu wirken und zu lernen gefunden haben würde, wenn es ihnen um ihr und andrer Wohl ernstlich zu tun wäre.

Um angenehm zu leben, muß man fast immer ein *Fremder* unter den Leuten bleiben. Dann wird man geschont, geehrt, aufgesucht. – Deswegen ist das Leben in großen Städten so schön, wo man alle Tage andre Menschen sehn kann. Für einen Mann, der sonst nicht schüchtern ist, ist es ein Vergnügen, unter *Unbekannten* zu sitzen. Da hört man, was man sonst nicht hören würde; man wird nicht gehütet und kann in der Stille beobachten.

Manche Leute suchen etwas darin, auf Reisen zu prahlen, viel Geld zu verzehren, glänzen zu wollen und prächtig gekleidet zu sein. Das ist eine törichte Eitelkeit, die sie in den Wirtshäusern teuer büßen müssen, ohne für ihr Geld mehr zu erhalten als der einfache Reisende. Niemand erinnert sich weiter des Fremden, der so viel Aufwand gemacht hat, wenn dieser weitergereist und nichts mehr von ihm zu ziehn ist. Doch ist es der Klugheit gemäß, anständig, und was man in Niedersachsen rechtlich nennt, in seinem Aufzuge zu sein, sich nicht zu vornehm und nicht zu demütig, nicht zu reich und nicht zu arm zu stellen, weil man sonst, in beiden Extremitäten, leicht entweder für einen unwissenden Pinsel, dessen erste Ausflucht dies ist, und den man also nach Gefallen prellen kann, oder für einen gewaltig vornehmen Herrn, von dem etwas zu ziehn ist, oder für einen Aventurier angesehn wird, dem man aus dem Wege gehn und der mit schlechter Bewirtung vorliebnehmen muß.

Leute von gewissem Stande pflegen Tag und Nacht fortzurollen, ohne sich unterwegs aufzuhalten. Dies mag recht gut sein, wenn man die teuren Zehrungen in den Wirtshäusern ersparen will, wenn man eilig ist, um den Ort seiner Bestimmung zu erreichen, oder wenn man mit den Gegenden, welche man durchreist, schon so bekannt geworden, daß man da nichts mehr sehn kann, das unsrer Beobachtung wert wäre. Außerdem aber rate ich, lieber kleine Reisen aufmerksam zu unternehmen, als große, auf denen man bis in die Hauptstädte hinein nur Postmeister und Postknechte kennenlernt.
Auch mische man sich, wenn es uns ein Ernst ist, unsre Menschen- und Länderkenntnis zu erweitern, unter Personen von allerlei Ständen. Die Leute von gutem Tone sehen einander in allen europäischen Staaten und Residenzen ähnlich, aber das eigentliche Volk, oder noch mehr der Mittelstand trägt das Gepräge der Sitten des Landes. Nach ihnen muß man den Grad der Kultur und Aufklärung beurteilen.

Zum Reisen gehört Geduld, Mut, guter Humor, Vergessenheit aller häuslichen Sorgen, und daß man sich durch kleine widrige Zufälle, Schwierigkeiten, böses Wetter, schlechte Kost und dergleichen nicht niederschlagen lasse. Dies ist doppelt zu empfehlen, wenn man einen Gesellschafter bei sich hat; denn nichts ist langweiliger und verdrießlicher, als mit einem Manne zu reisen und in einem Kasten eingesperrt zu sitzen, der stumm und mürrischer Laune ist, bei der geringsten unangenehmen Begebenheit aus der Haut fahren will, über Dinge jammert, die nicht zu ändern sind, und in jedem kleinen Wirtshause so viel Gemächlichkeit, Wohlleben und Ruhe fordert, als er zu Hause hat.

Das Fußgehn ist gewiß die angenehmste Art zu reisen. Man genießt die Schönheiten der Natur; man kann sich unerkannt unter allerlei Leuten mischen, beobachten, was man außerdem nicht erfahren würde; man ist ungebunden; kann das freundlichste Wetter und den schönsten Weg wählen; sich aufhalten, einkehren, wenn und wo man will; man stärkt den Körper; wird weniger erhitzt und gerüttelt; hat Appetit, hat Schlaf, und ist, wenn Müdigkeit und Hunger der Bewirtung das Wort reden, leicht mit jeder Kost und jedem Lager zufrieden.

Eine so volkreiche und in allem Betrachte so interessante Handelsstadt wie Hamburg verdiente wohl, daß wir uns eine Zeitlang hier aufhielten; hier sind wir alle gleich, und niemand bekümmert sich um den Fürstenstand; wo jedermann unbesorgt um fremde Händel, sich nur um seine eignen Geschäfte bekümmert, wo kein Haufen müßiger Tagediebe und besoldeter Ausspäher auflauert, um dem neugierigen Fürsten oder mißtrauischen Minister Nachricht davon zu geben.

Wenn doch die guten Leute nur einen Blick auf die Regierungsform in Hamburg werfen und sagen wollten, ob es möglich ist, bei der größten Ordnung und strenger Aufrechterhaltung des Gesetzes freier, ungekränkter zu leben als dort!

Man hat keine stolzen Patrizierfamilien, die, wie in anderen Reichsstädten, den Ton angeben. Man würde in Hamburg kaum wissen, daß es einen Adel in Deutschland gibt, wenn nicht einige Menschen dieser Art dort wohnten, die auf ihre Kutschen allerlei bunte Bestien gemalt haben, wodurch sie ihre Abstammung beweisen. Ich habe nie gehört, daß ein hamburgischer Bürger einen Adelsbrief gekauft hätte – und dennoch bemerkt man den feinen Ton in allen Gesellschaften; und dennoch gehen alle Geschäfte ihren ordentlichen Gang. Die kleine Republik steht bei auswärtigen Mächten in hohem Ansehen.

Überhaupt scheint es nicht, als wenn Schriftstellerei hier so sehr Ton wäre wie in manchen andern Provinzen von Deutschland, und doch habe ich, sooft ich diese Reise gemacht, und auch jetzt wieder, die Bemerkung erneuert, daß man in wenigen Städten unter den Geschäftsleuten aller Art so viel fein kultivierte, unterrichtete Männer antrifft und die an ausgebreiteter Belesenheit manche eigentliche Literatoren vom Handwerke beschämen könnten, wie hier, in Braunschweig und überhaupt in Niedersachsen.

Der treuherzige, naive, zuweilen ein wenig bäuerische, materielle Bayer ist äußerst verlegen, wenn er auf alle verbindlichen, artigen Dinge antworten soll, die ihm der feine Sachse in einem Atem entgegenschickt; dem schwerfälligen Westfälinger ist alles hebräisch, was ihm der Österreicher in seiner ihm gänzlich fremden Mundart vorpoltert; die zuvorkommende Höflichkeit und Geschmeidigkeit des durch französische Nachbarschaft polierten Rheinländers würde man in manchen Städten von Niedersachsen für Zudringlichkeit, für Niederträchtigkeit halten!

Wer das Glück hat, in dem nördlichen Teile von Deutschland, unter einer milden Regierung und umringt von zufriednen, nicht gedrückten Menschen zu leben, dem kömmt das unglaublich vor, was in den südlichen Gegenden täglich vorgeht und was der warme Freund der Menschheit nicht ohne Unwillen und Zähneknirschen sehen und hören kann.

Weltverbesserungspläne von heller Vernunft – Das politische Glaubensbekenntnis des freien Herrn Knigge

Als Knigge 1781 sein literarisches Erstlingswerk, den *Roman meines Lebens* vorlegte, schmuggelte er auch ein vielsagendes Selbstporträt in den Text: *Nie ist er mehr in seinem Elemente, als wenn er über Despotismus und Dummheit spötteln oder eifern kann.* Dabei ist es zeitlebens geblieben. Wo immer sich die Gelegenheit bot, ereiferte sich Knigge über *Despotismus, Dummheit, Aberglauben, Ungerechtigkeit, Untreue und Müßiggang*, wie der Untertitel seiner *Sechs Predigten* aus dem Jahre 1783 lautet. Nachdem die Französische Revolution von 1789 den Erweis erbracht hatte, daß der Sturz einer längst morsch gewordenen Herrschaftsordnung möglich ist, reihte sich Knigge in die Schar jener ein, die auch diesseits des Rheins auf eine Erneuerung der gesellschaftlichen Verhältnisse und Ablösung der Adelsherrschaft hinarbeiteten. Für ihn galt es als ausgemacht, daß jenes epochemachende Ereignis nicht ohne Folgen auf die übrigen europäischen Staaten bleiben konnte. Die Revolution, stellte er fest, führe jedermann deutlich vor Augen, was ein Staat zu erwarten hat, dessen Verfassung und Regierungsform sich nicht parallel zur stets fortschreitenden Aufklärung des Volkes entwickelt. An seiner Einstellung zu den – welthistorisch betrachtet – segensreichen Wirkungen der Französischen Revolution trotz aller Greueltaten hat Knigge bis zu seinem Tod festgehalten und blieb dabei selbst nach der Hinrichtung des französischen Königspaares, die viele seiner anfänglich für die Revolution entflammten Zeitgenossen zum Anlaß einer Revision ihrer Ansichten nahmen. Von seiner in scharfen Tönen formulierten Kritik despotischer Verhältnisse und den daraus zu ziehenden Konsequenzen hat der ins bürgerliche Lager übergelaufene Freiherr jedenfalls nie einen Abstrich gemacht.

Von deutschen Fürsten und Despoten

Aus Überzeugung, nicht aus Leidenschaft schreibe und rede ich gegen Despotismus und Bosheit – Wahrheit leitet mich, in so fern meine schwache Vernunft hinreicht – Mögte jeder alles was er von mir *Böses* weiß, drucken lassen; Ich will ihm Materialien dazu liefern. Ich will nicht besser scheinen als ich bin. Verläumdung bleibt nicht haften, und Wahrheit bessert früh oder spät. Auch bin ich so glücklich durch diese Offenherzigkeit vieler guten Menschen Herz zu gewinnen.

Ich fand fast aller Orten mehr äußern Schein, als Realität; eine große Dienerschaft und wenig wahrhaftig nützliche, fleissige Arbeiter; prächtige Titel und kärgliche Bezahlung: viel Glanz und wenig Wohlstand; großen Aufwand und leere, mit Schulden belastete Kassen; reiche Jünglinge, durch süße Versprechungen und Flitterwerk herbeigelockt, aber getäuscht in ihren Erwartungen, und dabei Vermögen und Gesundheit zugesetzt, wenn sie Männer geworden; Intrigue und Feindschaft aller gegen alle; Despotismus, Anmaßung, Sittenlosigkeit und Inkonsequenz, unglückliche Ehen und verwahrlosete Erziehung.

Wer einen gesehn hat, der kennt sie, im Größern oder Kleinern, alle. Bettelei im Ökonomischen und Intellektuellen, mit der Maske einer armseligen Pracht bedeckt, Neid, Bosheit, Unwissenheit, Selbstgenügsamkeit bei der entschiedensten Dummheit, Langeweile, Schmeichelei, Ränke, Schlaffigkeit, Verderbnis der Sitten, Frivolität, Inkonsequenz, Krankheit der Seele und des Leibes, Vorurteile aller Art in dem Gewande der Aufklärung, empörender Despotismus – Kurz! hospitalsmäßige Herabwürdigung des Menschengeschlechts.

Unsre Fürsten sollen es erfahren, daß alles, was sie besitzen und verwalten, unser Eigentum ist; daß ihr Amt, ihr Stand nur von unsrer Übereinkunft abhängt; daß erst der geringste arbeitsame Bürger unter uns Brot haben muß, ehe an den Hofschranzen und Tagedieb die Reihe kömmt, ehe aus dem öffentlichen Schatze dem Müßiggänger Pasteten und Braten gekauft und Geiger und Pfeifer und Buhlerinnen besoldet werden.

Es ist gegen die Ordnung der Natur, daß Millionen bessere Menschen, ohne Wahl, ohne Übereinstimmung, grade dem Schwächsten, dem Elendsten unter ihnen gehorchen; gegen die Ordnung der Natur, daß nicht das Gesetz, sondern die Willkür eines einzigen Tod und Leben, Eigentum, Ehre und Schande frei und gleich geborner Menschen bestimmen soll, daß ein Knabe, ein Blödsinniger, ein Bösewicht an der Spitze großer, edler, gesunder und weiser Männer stehen und diese zum Spielwerke seiner Grillen und Torheiten machen. Wir wollen gern gehorchen, aber nur den Gesetzen, denen wir uns freiwillig unterworfen haben, nicht der Willkür, und einer soll an unsrer Spitze stehen und über Haltung der Gesetze wachen [. . .].

Sehet doch das Beispiel an dem abtrünnigen Amerika, wo man jetzt nicht einmal mehr weiß, was für ein Ding ein Edelmann ist; wo die Leute, unempfindlich gegen Glanz, Titel, äußere Ehre, Orden und Stand, an nichts denken, als an Handel, Wissenschaften, Künste, Ackerbau und dergleichen bürgerliche, gemeine Gegenstände, wo also, und da noch obendrein an keinen Krieg zu denken ist, niemand sein Glück machen kann, der nicht im Schweiß seines Angesichts sein Brot essen, oder seine besten Jahre mit den trocknen Pedantereien der Wissenschaften verderben will! Es ist unbegreiflich, wie bei solchen Einrichtungen ein so großes Land bestehn kann, da man bis jetzt wenigstens immer gehofft hatte, es würden nur kleine Staaten sich einfallen lassen, bey einer republikanischen Verfassung gedeihen zu können. [...] Was würde aus uns werden, wenn es in allen Ländern so herginge? wenn es keinen geerbten Adel, keine Hofleute, keine Mönche, Domherrn und Ritter mehr gäbe? Wenn jedermann verdienen müßte, was er genießt? Wenn die Fürsten andre Grundsätze annähmen und selbst auf den Gedanken gerieten, ihre Macht nur der Sanktion der Gesetze, persönlicher Erhabenheit und Tugend, der allgemeinen Liebe und freiwilligen Hingebung sich glücklich dünkender, froher, nicht unterjochter Menschen zu verdanken?

Die müßigen Hofschranzen fahren in vergoldeten Kutschen; der nützliche Handwerker und Künstler muß zu Fuße umherschleichen, um vergebens die Rechnungen in die Paläste zu tragen, die ihm jene Windbeutel zu bezahlen schuldig sind. Er wird von groben Lakaien zurückgewiesen, die in Kleidern stecken, welche bei ihm auf Kredit ausgenommen sind. Die Fürsten lassen in die Zeitungen und Journale einrücken, wie sehr sie einländische Fabriken und Manufakturen unterstützten, und tragen nichts an ihrem Leibe, was nicht außer Landes gekauft und verfertigt ist. Die Not des armen Landmannes rührt nicht die hartherzigen Minister; sie lesen französische Romane und werfen die Suppliken der jammernden Untertanen in die Ecke. Es bekümmert sie wenig, ob das Volk sie segne oder ihnen fluche; aber ein erkauftes oder erbetteltes Ordensband von einem fremden Könige, der nie ihren Namen gehört hat, halten sie für den wahren Stempel ihres Verdienstes; und wenn sie ihr kaltes Herz mit einem silbernen Stern beklebt haben, so sehen sie voll Zuversicht und Unverschämtheit auf beßre Menschen herab.

Wir haben nicht, wie ehemals Frankreich, nur einen Mittelpunkt, den ein kleiner Zirkel privilegierter Volks-Schinder umgibt, sondern eine Menge Höfe, durch deren Bedürfnisse und Aufwand ein zahlloses Heer von Menschen seine Existenz fortführt, Jahrgelder und andre Zuflüsse genießt, oder noch zu erhaschen hofft; und diese ewig treuen Diener der Fürsten-Gewalt leben nicht etwa in einem einzigen Paris und Versailles zusammengedrängt; sondern zerstreuet in allen den unzähligen Residenzen, mittlern Städten, Ämtern und Landgütern umher, wo wiederum viel tausend Personen durch sie subsistieren und auf die allgemeine Volksstimme, zum Vorteile der jetzigen Verfassung, Einfluß haben.

Der durch Zurücksetzung gekränkte tiers-état hat in Frankreich die Revolution bewirkt und den Volkshaufen getrieben: woraus aber besteht bei uns größtenteils der *tiers-état*? Aus Fürsten-Dienern, Räten, Sekretarien, Beamten, Offizianten, Hof-Faktoren, Livranten, Advokaten, Ärzten u.d.gl., die alle, mehr oder weniger, von den Brosamen leben, welche von der Herrn Tischen fallen. In Staaten aber, wo dies nicht also ist, wo zum Beispiel reiche Negozianten, Kapitalisten und Fabrikanten den tiers-état ausmachen, herrscht entweder schon eine Art republikanischer Verfassung, wie namentlich in den nördlichen Reichsstädten, wo man kaum einen Begriff von Fürsten und Adel-Druck hat; oder wenn solche reiche und wichtige Männer in despotischen Staaten leben, so werden sie sehr geschont und geschmeichelt.

Ein armer Bauer hat oft mit seiner zahlreichen Familie eine Woche lang nichts Warmes zu geniessen. Wasser ist ihr Trank: Brot, wenn sie es haben, ihre Speise. Das bißchen Geld, das sie alle mit saurem Schweiße verdient haben, holt der Gerichtsdiener, auf Abschlag der nie zu tilgenden Schuld, um es in die große Kasse zu liefern, aus welcher Müßiggänger, Betrüger und Huren besoldet werden. [...] Laß mich schweigen, das Herz blutet bei solchem Anblicke.

Frei geborne Menschen, durch stufenweise verstärkte Eingriffe in ihre Rechte, dann durch immer mehr gewagte Mißhandlungen, nebenher durch Korruption ihrer Sitten, wodurch Seele und Leib geschwächt, zum Widerstande unfähig gemacht werden, endlich durch erschreckliche Strafen, sich unterwürfig zu machen, das heißt Meister über alle ihre Handlungen zu werden; das ist freilich ein abscheulicher Despotismus! – Aber was bedeutet das, gegen die Tyrannei, die man ausübt, wenn man auch über ihre Meinungen, über ihre Vorstellungen und über ihren Glauben sich eine Herrschaft anmaßt.

Mit den gemeinen Soldaten sah es ganz anders aus. Schlecht bezahlt, dürftig gekleidet, mager gespeiset, ohne Hoffnung weiter fortzurücken, und mit der Aussicht, wenn sie einst Krüppel, oder sonst zum Dienste unfähig würden, fortgejagt und Bettler oder Räuber zu werden, und dabei in sklavischem Zwange leben, außer Stande, sich durch Tapferkeit Ruhm zu erwerben, wollte kein arbeitsamer Mensch gutwillig sich diesem Stande widmen. Es mußten daher andre Mittel gewählt werden, die Armee vollzählig zu machen. Taugenichts und Vagabonden, die durch den Reiz eines zügellosen, müßigen Lebens herbeigelockt wurden, ließ man die Waffen tragen; bessere Menschen wurden teils mit Gewalt, teils durch List angeworben. Man übte sie in den Waffen, das heißt, da man jetzt auf persönliche Tapferkeit im Kriege nicht mehr rechnen durfte, so lehrte man sie, gehen und kommen, schießen und sich totschießen lassen, so oft ihnen der Wink dazu gegeben wurde. Mit fürchterlichen Schlägen wurden die Widerspenstigen und Ungeschickten zu diesen mechanischen Übungen abgerichtet; die strengste Unterwürfigkeit, der pünktlichste Gehorsam eingeführt, das kleinste Verbrechen, das geringste Murren auf die abschreckendste Weise bestraft; jeder Offizier übernahm die Unterjochung einiger solcher Leute. Die Schlechtern unter diesen hatten nicht den Mut, sich der unmenschlichen Tyrannei zu widersetzen; die Bessern wurden nach und nach des Jochs gewöhnt, und wußten nicht, ob sie sich bei einer Empörung auf die Mitwirkung ihres Nebenmannes verlassen konnten; als Bauern zu Hause war auch nicht viel Glück und Freiheit für sie, – da wurden sie von den Beamten geschunden; und so erhielt und befestigte sich dann – in der Tat ein Wunder der Menschheit! – eine Maschine, in welcher viel tausend Unzufriedne und Unglückliche sich auf den Wink eines Einzigen zu Handlungen bestimmen ließen, die gänzlich gegen ihre Neigung, gegen Billigkeit, gegen Vernunft und Natur waren, ohne jedoch zu murren, ohne die Rechte der freien Menschheit zu reklamieren, ohne empört zu werden von dem entehrenden Schauspiele, dem wahren Sinnbilde des Despotismus, wenn sich ein ehrwürdiger Greis unter den Schlägen von der Hand eines Knaben krümmen mußte.

Der Despotismus zerstört sich selbst, indem er sich entweder entkräftet, und die Beute des Nachbars wird, oder die Wunde so arg macht, daß endlich der Kranke vor Schmerz aufspringt.

Reichet also selbst die Hände zur nötigen Verbesserung, Ihr Regenten! weil es noch Zeit ist! Entsaget den elenden und kostspieligen Kindereien, worin so Manche von Euch ihren Ruhm, ihre Hoheit, ihren Glanz suchen! Was kann armseliger sein, als Eure Zirkel von hirnlosen, mü-

ßigen Hofschranzen? Versammelt doch um Euch her – Männer, keine Affen! Männer mit Kopf und Herz, die Euch die Wahrheit nicht verhehlen! Was kann unnützer sein, als Eure herausgeputzten Puppen, die Ihr Soldaten nennt, mit denen Ihr, die Ihr vor allen feindlichen Anfällen sicher seid, mitten im Frieden, den Krieg spielt und denen der Hunger und die Sehnsucht nach ihren väterlichen Hütten aus den Augen blicken? Was kann geschmackloser sein, als Eure Feste, Eure Cour- und Gala-Tage, an denen kein Herz Teil nimmt, wo Ihr dem Zwange und der Langeweile Stunden opfert, die Ihr so nützlich, so segenvoll, so selig verleben könntet?
Gebet Euren Untertanen das erste Beispiel in aller Art Tugend und Ehrerbietung gegen natürliche und konventionelle Gesetze, in Mäßigkeit, Arbeitsamkeit, Treue, Wahrheit und Häuslichkeit! Respektieret das echte Verdienst; zeiget Abscheu gegen Ränke und Kabalen, gegen Ausspäher und Anbringer und suchet das moralische Gefühl Eurer Mitbürger zu veredeln!
Machet Euch nicht zu Nachahmern, zu Dienern, zu Sklaven fremder Fürsten, indess Ihr selbst zu Hause den Genuß der süßesten Herrschaft der väterlichen Herrschaft über vernünftige und freie Menschen, die Euch lieben, in vollem Maße schmecken könnt!
Entsaget der törichten Eroberungssucht, und überzeuget Euch, daß hundert Menschen glücklich und froh zu machen, unendlich ehrenvoller sei, als Millionen mit Gewalt an das verhaßte Joch des Despotismus zu binden!
Verschanzet Euch nicht in Euren langweiligen Residenzen gegen den armen, durch die Unter-Despoten gemißhandelten Landmann, der Euch gern seine Not klagen mögte! Reist in die Provinzen; sehet mit eignen Augen,

höret mit eignen Ohren und verlasset Euch nicht auf die Berichte Derer, die Euch die Augen verbinden!

Ehret alle nützlichen Stände und leidet nicht, daß sich gewisse Klassen privilegiert glauben, durch Hochmut, Unwissenheit und Müßiggang sich über fleißige und bessere Menschen zu erheben! Verbannet auf immer den Wahn, daß Verdienste, persönliche Vorzüge und das Recht auf Ehrenstellen und Staatsbedienungen vererbt und angeboren werden können!

Glaubet den schmeichlerischen Buben nicht, die Euch für Statthalter Gottes, ja für Halbgötter ausgeben, den Heuchlern, die Euch wahrheitsliebende Leute verdächtig machen wollen! Sie zittern, aus Furcht entlarvt zu werden und hinter Eure Majestät wollen sie sich verkriechen, damit man ihre Schelmenstücke nicht an den Tag bringe. Sie dürfen den bessern Mann nicht aufkommen lassen, damit Ihr das wahre Verdienst nicht kennenlernet und sie nicht ihr Ansehn verlieren.

Ehret den Mann und danket ihm, der Euch bittre Arzneien gibt! Wer Euch sagt, daß Ihr die ersten Diener des Staats seid, daß Ihr Eure Macht aus den Händen des Volks erhalten habt, (ein Satz, den der gute Kaiser Joseph selbst öffentlich bekannte) der meint es redlicher mit Befestigung Eures Throns, der ist ein treuerer Diener, als Eure kriechende Sklaven. Jenen ist der Stellvertreter der Nation heilig. Diese würden Euch noch heute verlassen, wenn ein andrer Tyrann Euch die Krone vom Haupte risse.

Rücket mit fort in der Kultur; leset die Werke der Geschichtschreiber und Philosophen, damit nicht unerwartet Wahrheiten in Cours kommen, worauf Ihr nicht vorbereitet seid, an deren Mißbrauch, wenn ein solcher

Mißbrauch zu fürchten wäre, niemand Schuld sein würde, als Ihr, berufene Erzieher des Volks!
Allein glaubet nicht, daß man durch Zwangsmittel und Edikte Meinungen lenken und Aufklärung hindern könne! Erlaubet immer, daß jedermann laut rede, und seid versichert, daß niemand weniger zu fürchten ist, als der Schwätzer! Je mehr die Menschen plaudern, desto weniger handeln sie. Widerstand reizt, Einschränkungen erbittern. Verbote von der Art sind das sicherste Kennzeichen einer schwachen Regierung, erwecken den sehr gegründeten Verdacht, daß Eure Schritte nicht sicher sind, daß Eure Grundsätze das Licht scheuen. Was nicht in Deutschland gedruckt werden darf, wird auswärts verlegt, und was nicht öffentlich genossen werden darf, wird heimlich um desto gieriger verschlungen.

Aufklärung über Aufklärung

Unter Aufklärung verstehe ich eine Sammlung von klaren Begriffen über Menschenverhältnisse, gesellige und bürgerliche Pflichten, eine nicht gelehrte, aber richtige Kenntnis von dem Erdboden und besonders von dem Vaterlande, endlich einige Fertigkeit in solchen Dingen, die uns bei Erlernung und Ausübung jeder Kunst, Wissenschaft und Hantierung zu Hülfe kommen.

Sie macht ihm den Pfad durch dies Leben leicht und sanft; [...] sie rettet ihn aus Gefahren, in welchen der unvorsichtige oder schwache Kopf zu Boden sinkt; sie macht ihm die Tugend liebenswürdiger, zeigt ihm den engen Zusammenhang seiner natürlichen Pflichten mit dem geoffenbarten Willen Gottes; sie lehrt ihn die Freuden dieses Lebens mit Mäßigkeit und Geschmack geniessen; sie läßt ihn hellere Blicke in jene bessere Welt tun, reißt ihn von allem irdischen Eigennutze ab, und bringt ihn um eine Stufe näher dem Ebenbilde seines lieben Schöpfers, der die höchste Weisheit ist.

Freilich muß ächte Aufklärung manche Tugenden allgemeiner verbreiten, die in einem Zeitalter, wo Barbarei herrscht, nur selten angetroffen werden; aber immer wird der größere Teil der Menschen in jedem Jahrhunderte unmündig bleiben, wird Lenkung, Gesetze, ja! Zwangsmittel und Täuschung bedürfen. Diese Fesseln trägt auch jeder gern ohne Murren, wenn *der*, welcher sie ihm anlegt, nur dabei die Mühe übernimmt, ihm Sicherheit und Ruhe zu verschaffen. Er läßt sich gern einen Teil seiner Unabhängigkeit rauben, wenn er dagegen einen Teil seiner Sorgen von sich abwälzen kann; er tut gern Verzicht auf eignes Denken, wenn *der*, welcher für ihn denkt, ihm nur Resultate liefert, die ihn beruhigen; er läßt sich gern täuschen, wenn diese Täuschung nur tröstlich ist – kurz! er opfert gern seine Freiheit auf, wenn dies Opfer nur freiwillig und für ihn wohlthätig ist, oder scheint.

Im natürlichen Zustande durfte jeder auf Kosten des andern, wenn er nur die Kräfte dazu hatte, sich in den Besitz von allem setzen, was ihm wünschenswert erschien; jetzt herrscht die herrlichste Ordnung, nach welcher Millionen guter Menschen arbeiten und dabei Hunger und Kummer leiden müssen, um einigen wenigen Schlaueren Überfluß und Wohlleben zu verschaffen. Der unselige Despotismus wird auch nach und nach in ein System gebracht; man bestimmt den Grad der Vernunft, den die untergeordneten Klassen zu erreichen Erlaubnis und Vorschub erhalten sollen und was sie denken, reden und glauben dürfen. Benachbarte Staaten geraten miteinander in Krieg; nicht wenn von Verletzung wahrer Menschenrechte die Rede ist, sondern wenn die Leidenschaften und Begierden der verschiedenen Oberhäupter in Widerspruch fallen; die Kunst, ganze Generationen von der Erde zu vertilgen und Menschen, die sich gegenseitig nie beleidigt haben, einander ermorden zu lassen, wird auch zu einer Wissenschaft erhoben; Herrschsucht, Eigennutz, falsche Ehrbegierde und Eitelkeit lösen, zerrei-

ßen die ersten, heiligsten Bande; Brüder verfolgen Brüder; Mißtraun und Neid treten zwischen Eltern und Kinder; unwichtiger Meinungen wegen erwürgen sie einer den andern; Löwen und Tiger in den Wäldern leben in engerer Verbindung unter sich als die in der bürgerlichen Gesellschaft zur Eintracht vereinigten Menschen.
Mehr oder weniger gleichen alle Staats-Verfassungen diesem Bilde. – Ein fürchterlich trauriger Anblick!

Es bleibt uns daher die traurige Gewißheit übrig, daß der größte Teil der Menschen nicht fähig ist, nach *freiem* Willen zu handeln, ohne die Ordnung des Ganzen zu stören; daß sie, obgleich alle mit *gleichen* Rechten geboren, dennoch nicht alle in gleichem Grade an dem Genusse der reichen Freuden dieses Erdenlebens Anteil nehmen können; daß immer die Majorität der an körperlichen oder geistigen Kräften Schwächern und unter sich nie dauerhaft zu Vereinigenden sich von der Minorität der Stärkern, Klügern, Tätigern und Entschlossenern muß leiten lassen; daß es für diese, wie für jene, bestimmter Gesetze, Strafen und Zwangsmittel bedarf, um das Gleichgewicht zu erhalten, und daß man also der Staats-Verfassungen nicht entbehren kann. – Nur fragt es sich: Was für ein System der bürgerlichen Einrichtung soll man wählen, das nicht zu neuen Mißbräuchen führte und mehr Unglück stiftete als das Leben unkultivierter, nicht in Staatskörper vereinter Naturmenschen?

Geheime Verbindungen

Ich lernte aber bald den Jargon der Mystiker auswendig; Halb glaubte ich, halb zweifelte ich; halb wurde ich belogen und verführt, halb belog ich und verführte andre – nicht *um zu betrügen*, sondern um meine Schwäche in diesen Kenntnissen nicht zu verraten. [...] Und diese Existenz gefiel mir; ich hatte keine andre; alle übrigen Plane in der Welt waren mir mißlungen, und doch glaubte ich etwas Bessers sein zu müssen, als gemeine Menschen. Enthusiastisch für alles, was Mysterien hieß, war mir das Unverständlichste fast immer das Ehrwürdigste.

Ich schrieb eine lange Reihe von Jahren hindurch gegen Despotismus, Betrug und Dummheit und schloß mich an jede Verbindung an, von der ich glaubte, daß sie der Bosheit und der Torheit entgegenarbeiten könnte und wollte. Am mehrsten hoffte ich von geheimen Bündnissen; da ich aber hier und dort und aller Orten nur kleinliche, eitle, eigennützige, herrschsüchtige, egoistische Menschen in der Majorität fand, mit meinem Eifer nichts ausrichtete, mit Undank belohnt, verfolgt, geneckt wurde, so wurde ich endlich des zwecklosen Kampfes müde.

Von Jugend auf durch einen unruhigen, spät in mäßige, nützliche Grenzen zu ordnenden Tätigkeits-Trieb angespornt, wurde auch ich früh von der Krankheit unsers Zeitalters, von der Begierde nach geheimen Verbindungen und Orden hingerissen. Schon als Kind hörte ich in meines Vaters Hause täglich mit Enthusiasmus von Freimaurerei und geheimen Wissenschaften reden, denn damals fing diese Wut an, einzureissen, und mein Vater, der es freilich dahin wohl nicht muß gebracht haben, Gold zu machen, war doch vielfältig von Leuten umgeben, die vom Steine der Weisen und dergleichen Sächelchen redeten.

Mein Plan war, die Rotte der Dummheits-Apostel und Despotenknechte, ohne Unterlaß, rastlos, durch den kleinen Krieg zu ermüden und zur Verzweiflung zu bringen und unterdessen einen öffentlichen, das Licht nicht scheuenden Bund der entschlossenen festen Wahrheitsfreunde knüpfen zu helfen. Dies hoffte ich durch das »Manifest«[1] zu bewirken. Den Furchtsamen sollte Mut gemacht werden, hervorzutreten, wenn sie sähen, daß ein Häuflein entschlossener Männer bereit wäre, sich für die gute Sache mit ihnen zu verbinden. Also gerade heraus! Die Männer sind da; ich kenne deren genug, die nur auf einen Wink warten, um das Werk anzufangen [...].

Ich habe fast allen Glauben an die Möglichkeit, in unsern Tagen durch geheime Verbindungen etwas Großes zu bewirken, verloren. Allein dieser Unglaube kämpft ohne Unterlaß mit meinen bessern Wünschen, mit dem Verlangen, es möchte eine Gesellschaft auftreten, die mich durch

1 Manifest einer nicht geheimen, sondern sehr öffentlichen Verbindung, 1795.

die Tat überzeugte, ich sei zu früh muthlos geworden. Vielleicht sind Sie diese Gesellschaft. Auf jeden Fall bitte ich Sie, auf meine Tätigkeit und meinen treuen Eifer zu rechnen; denn, daß ich zweifle, das Gute zu Stande bringen zu können, das bewegt mich darum nicht, meine Mitwirkung zum Guten zu versagen.

Das Recht auf freie Rede

Sollte es nicht allen Menschen, ohne Unterschied des Standes, in welchem sie zufällig geboren werden, frei stehn müssen, über solche Gegenstände, die der ganzen Menschheit die wichtigsten sind, sich zu unterrichten, nachzudenken, ihre Meinung zu sagen und ihre Gedanken gegenseitig auszutauschen?

Frei und ungehindert muß also jeder Bürger über Regierung und Staatsverwaltung reden und schreiben dürfen. Weil es jedermann erlaubt sein muß, auch über die wichtigsten Dinge frei und offenherzig seine Meinung zu sagen, und nur Handlungen der Gegenstand der Gesetzgebung sind, so dürfen also gesprochene und geschriebne Worte, von welcher Art sie auch sein mögen, nie durch Gesetze eingeschränkt werden.

Nur das sind wir männlich durchzusetzen fest entschlossen, daß in unserm lieben Vaterlande, wie und von wem es auch regiert werde, kein Geistesdespotismus Wurzel fasse und kein vorsetzlicher Betrüger das Volk verführe. Wo wir daher dergleichen wittern, da warnen wir laut und öffentlich davor, entlarven den im Finstern schleichenden Betrug und übernehmen die Vertheidigung jedes, seiner Meinungen wegen, verfolgten und verleumdeten Mannes; auch dann, wenn wir seine Grundsätze nicht billigen. Keiner von uns aber hält sich für unfehlbar und indem wir ein Recht zu haben glauben, unsre Gedanken frei und offen mitzutheilen; so ist es auch gar nicht unsre Absicht, diejenigen zum Schweigen zu bringen, die uns eben so frei und öffentlich widerlegen wollen, sei es in einem ernsthaften, oder satyrischen und spottenden Tone; denn auch wir behalten uns das Recht vor, diese verschiedenen Wege nach den Umständen einzuschlagen. Und so, wie wir bereit sind, der bürgerlichen Ordnung und der Unterwürfigkeit gegen Obrigkeit und Gesetze Gut und Blut zu opfern; so predigen wir Aufruhr, Rebellion und Krieg (doch nur mit geistigen Waffen) gegen alle Unterdrücker der göttlichen, heiligen gesunden Vernunft.

Nur eine ausgezeichnete Wohltat hat der Genius unsers Zeitalters uns erwiesen, und die ist, daß er der Publizität so laut das Wort geredet hat. Diese allein kann den Mißbrauch der obersten Gewalt hemmen. Das ganze Volk und jeder einzelne im Volke hat das gegründetste Recht, zu fordern, daß man ihn nicht im Dunkeln führe. Fürsten, Minister und Räte sind nur Bevollmächtigte dieses Volks, dem es übrigens nicht zukommt, seine Bevollmächtigten, wenn sie ihre Pflicht erfüllen, abzusetzen. Diese tun ihre Pflicht, solange die Landesgesetze die Richtschnur ihrer Handlungen sind. Es muß aber dem Volke gezeigt werden, daß nach diesen Gesetzen verfahren wird. Die Regierung ist nicht befugt, zu verlangen, daß man ihr das auf das bloße Wort glaube. Über Fälle, wo Ausnahmen von Gesetzen statthaben müssen (und das ist schon schlimm genug), wo keine Gesetze vorhanden sind oder wo ein neues Gesetz zu machen ist, muß die Regierung dem Volke von den Ursachen und Gründen dieser Neuerung Rechenschaft geben. Geldausgaben und Steuern beruhen auch auf Verordnungen; da, wo dergleichen mit Gewalt, mit Unlust oder wenigstens ohne Bestimmung der Nation, ohne die Gründe der Notwendigkeit derselben vorzutragen, willkürlich von der Regierung auferlegt werden dürfen, da herrscht eine unnatürliche, fehlerhafte Verfassung. Endlich darf, unter keinem Vorwande, die Verwendung der Landeseinkünfte ein Geheimnis sein.

Alles was man gegen diese Sätze einzuwenden pflegt, ist eitel, ist niedrige, unverständige Schmeichelei, oder es steckt Eigennutz, böse Sache dahinter. Es gibt in allen Klassen der Bürger verständige Männer, welche die unruhigen Köpfe im Zaum halten; diese verständigen Männer müssen, durch offnes und redliches Verfahren, überzeugt und für die gute Sache gewonnen werden. Das ganze Korps der Untertanen ist nie zur Meuterei geneigt, wenn es nach Vernunft und Gesetzen behandelt wird und man ihm kein Geheimnis aus der Administration macht. Die Anzahl der ruheliebenden Menschen ist größer als die der aufrührerischen – davon wird man überzeugt, wenn man irgend Temperamente studiert hat. – Nur die niedrigen Höflinge haben von jeher den Despoten Mißtraun gegen die Völker einzuflößen gesucht. Einzelne unruhige Geister trifft man überall an; sie finden aber da kein Gehör, wo nichts geheim behandelt wird, haben hingegen da doppelte Gelegenheit, Aufruhr und Murren zu erwecken, wo man nicht hinter den Vorhang schauen darf. Zur Ehre der Menschheit kann man annehmen, daß böser Wille nur bei der kleinsten Zahl die Oberhand hat. Doch wo Vermutung und Ungewißheit eintreten können, da gesellen sich auch die schwachen Guten zu den schlauen Bösen. Die Art, wie die Geschäfte geführt werden, die kleinen Details der Ausführung und die Art der Einleitung, können und müssen oft von einer klugen Regierung verschwiegen werden, und niemand wird darnach fragen; aber die Sache selbst, und warum sie so und nicht anders ist – das muß an das Licht, und jeder fragt darnach, hat von jeher darnach gefragt, wird, bei den jetzigen kritischen Zeiten, verleitet, darnach zu fragen, und wehe der Regierung, die es noch in zwanzig Jahren wird versuchen wollen, mit Gewalt dem Volke das Maul zu stopfen und das alte System der Verheimlichung und Willkür aufrechtzuerhalten!

Jedermann muß in dieser Welt das Recht haben, soviel Unsinn sagen und schreiben zu dürfen, als ihm beliebt. Die Wahrheit darf nur durch Überzeugung siegen, bei denen, die Sinn dafür haben, nie sich ein Monopolium zu verschaffen suchen, und zwar dies deswegen, weil 1) ein solches Monopolium früh oder spät gemißbraucht wird, weil dann die Menschen ihre Vorurteile, Privat-Meinungen und ihren Ehrgeiz (wer ist von diesem allem frei?) an die Stelle der Wahrheit setzen, und dann ist man schlimmer daran, als unter dem Drucke der Schafsköpfe. 3) Weil wirklich keine Frage schwerer zu beantworten ist, als die: ›Was ist Wahrheit?‹ Sie muß durch Raisonnement *pro et contra* aufgelöst werden.

Man lasse jedem die Freiheit in Meinungen, die wir selbst verlangen! Man vergesse nicht, daß das, was wir Aufklärung nennen, andern vielleicht Verfinsterung scheint!

Man schon der Vorurteile die Andern Ruhe gewähren! Man beraube niemand, ohne ihm etwas Bessers an die Stelle dessen zu geben was man ihm nimmt! Man vergesse nicht, daß ein mangelhaftes System, auf welchem aber der Grund einer guten Moral liegt, nicht so leicht umzureißen ist, ohne zugleich das Gebäude selbst über den Haufen zu werfen!

Die weiseste Meinung ist nun aber freilich nicht immer die Meinung des größern Haufens; allein jeder kann sich für den Weisesten halten; und wer darf dann entscheiden? Es bleibt daher kein anderes Mittel übrig, als die Meinung der mehrsten für die beste Meinung zu halten; und am Ende muß es ja auch von dem größten Haufen abhängen, unweise Gesetze zu geben, wenn er nun ein Mahl keine andre haben will, weil der größere Haufen der stärkste Teil ist, und das Recht der Stärkern in der ganzen Natur die Oberhand hat.

Das große Werk der Revolution

Glückseligkeit ist Lebensgenuß, und um des Lebens genießen zu können, muß man frei sein.

Die Hauptrevolutionen in der Welt werden nicht durch Menschen, sondern durch die Zeit bewirkt; Alles Ringen jener ist vergebens, wenn diese noch nicht mitwirken kann; daher entstehen oft durch sehr mittelmäßige Menschen große Dinge, wenn alles dazu reif ist, und durch sehr große Männer – nichts.

Ist man ein Mahl von der Güte eines neuen Systems und von der Mangelhaftigkeit des bisherigen überzeugt, so ist es besser, das alte mit Stumpf und Stiel auszurotten, als ewig zu flicken und nie ein vollkommnes Ganzes zu Stande zu bringen. Was helfen Palliativ-Kuren, wenn man voraussieht, daß, früh oder spät, ohne gewaltsamen Schnitt, der Tod unvermeidlich ist?

Überhaupt ist es ganz verlorne Mühe, zu raisonnieren über die Befugnisse eines Volkes, seine Regierungs-Verfassung zu ändern. In den großen Plan der Schöpfung gehören diese Umkehrungen; sie sind unvermeidlich; sie werden herbeigeführt durch die Ebben und Fluten der Kultur; die Menschen sind nur die Werkzeuge in der Hand der alles ordnenden Vorsehung. Ist der Zeitpunkt da, stimmen alle Umstände dazu ein; so sind alle Wirkungen einzelner Leute, alle Anstalten der Regenten, alle Predigten und Deklamationen dagegen vergeblich. Das Recht des Stärkern ist in der ganzen Natur herrschend. Worauf sonst, als auf dieses Recht gründen die Despoten ihre Gewalt? womit sonst, als mit diesem Rechte des Stärkern machen sie uns, an der Spitze von hunderttausend Mann, die Gründe, worauf ihre Deduktionen gestützt sind, anschaulich? Ist dies Recht aber nicht auf ihrer Seite; so haben auch ihre Gründe wenig Gewicht und sie müssen dem nachgeben, der mit mehr Nachdruck den Beweis seiner Rechtmäßigkeit führt. Von der Natur sind nun einmal die Menschen nicht in Klassen geteilt, nicht einige zum Gehorchen, andre zum Herrschen bestimmt. Der Mensch, der sich von einem Menschen regieren läßt, tut dies entweder, weil er *muß*, oder weil er *will*. Er *muß*, wenn der andre stärker ist, sei es an Körper, oder Geiste, oder durch Bündnisse mit Mehrern. Er *will*, wenn er sich behaglich dabei fühlt, oder wenn er in dem Wahne steht, der andre sei auf irgend eine Weise berechtigt, ihm Gesetze vorzuschreiben. Wenn aber kein Übergewicht da ist; wenn Liebe und Zutraun aufhören; wenn Unzufriedenheit eintritt und Wahn verschwindet – dann demonstriere einmal, drohe einmal, Fürst, Moralist, Staatsmann! und siehe zu, ob du etwas ausrichtest! Denn (möge auch der Satz noch so herbe klingen!) man kann dem Menschen die Notwendigkeit der Erfüllung aller moralischen Pflichten unwiderleglich beweisen.

Nichts kommt mir alberner vor, als wenn man sich in moralischen und politischen Gemeinsprüchen über die Befugnisse und Nichtbefugnisse einer ganzen Nation, ihre

Regierungsform zu ändern, ergießt; wenn man darüber raisonniert, *was* ein Volk, wenn es sich empört, hätte tun sollen, und *wie* es hätte besser und gelinder handeln können und sollen, und ob zu viel oder zu wenig Blut dabei vergossen worden [...]; wenn aber ein ganzes Volk, durch eine lange Reihe von wirkenden Ursachen dahin gebracht ist, seine bisherige Regierungsform, die nicht taugte, die nicht in die jetzigen Zeiten, nicht zu dem gegenwärtigen Grade der Kultur paßte, in welcher sich der größte Teil der Bürger unglücklich fühlte, mit Gewalt über den Haufen zu werfen; wenn sie alle hierzu durch einen Geist belebt werden, den ihre elende, verzweifelte Lage in ihnen erweckt hat; wenn dies also nicht nach einem bestimmt angeordneten Plane, sondern durch einen Windstoß geschieht, der auf einmal das Feuer, das lange unter der Asche geglimmt hatte, in helle Flammen auflodern macht – wer kann da Ordnung fordern? wer kann da bestimmen, ob zu viel, oder zu wenig geschieht? Schreibe dem Meere vor, wie weit es fortströmen soll, wenn es den Damm durchbricht, den Jahrhunderte untergraben haben!

Pflegen Staats-Veränderungen, die mit Gewalt von der Masse des Volks durchgesetzt werden, (wenn sich auch ihre Rechtmäßigkeit nicht bezweifeln ließe) gut zu gerathen und eine dauerhafte Ordnung herzustellen? Daß dergleichen, wenn sie von oben herab geschehen, besser ausfallen, planmäßiger angelegt und weniger tumultuarisch ausgeführt werden, als jene; das mag freilich wohl wahr sein – allein, noch einmal! Was hilft hier alles Raisonnieren darüber? Wo Druck ist, da bleibt der Gegendruck nicht aus; das ist die Ordnung der Natur. – Gegen das Gesetz der Notwendigkeit ist alles Vernünfteln übel angebracht – und das sicherste Mittel gewisse Folgen nicht zu erleben, ist, daß man solche Handlungen vermeide, die dergleichen Folgen herbeiführen müssen. Ein Hausvater, der nicht vorsichtig mit Feuer und Licht umgegangen ist, soll seinen eignen Unverstand anklagen, wenn nachher bei dem Löschen seiner brennenden Wohnung Unordnungen und Diebstähle vorgehen.

Ein ganzes Volk ist nicht so leicht zum Aufruhre geneigt, als man gewöhnlich glaubt. Jeder einzelne liebt seine Ruhe, bauet, bei Revolutionen, nicht so ganz fest auf den Beistand des Nachbars, hofft noch immer auf bessere Zeiten. Viele sind dann auch durch Privatinteresse an die jetzige Regierungsform geknüpft; sieht die Nation nur guten Willen von seiten des Hofs und darf sich nur vergleichungsweise weniger gedrückt halten als das benachbarte Volk, so trägt sie mit Geduld das Joch, wenn dies Joch irgend ein wenig ausgefüttert, ausgepolstert ist. Nur dann, wenn die Untertanen fast aller Klassen, durch Tyrannei aller Art, so aufs äußerste gebracht sind, daß sie, deren Leben, Freiheit und Eigentum ja ohnehin jeden Augenblick von der Willkür ihres Despoten abhängen, bei dem Aufruhre nichts mehr verlieren und alles gewinnen können, nur dann greifen sie zu diesem verzweifelten Mittel.

Die Französische Revolution wurde unvermeidlich herbeigeführt durch eine Kettenreihe von Begebenheiten und durch die Fortschritte der Kultur und Aufklärung.

So wie die vorige Regierungsverfassung war, konnte sie, bei dermaliger Stimmung der Nation, nicht bleiben. Verkehrte Maßregeln, welche die Hofpartei gleich anfangs nahm, erbitterten das Volk, vermehrten das Mißtraun und bewirkten Gewalttätigkeit.
Die Lebhaftigkeit des Nationalcharakters ließ voraussehn, daß nun schnelle und rasche Schritte folgen müßten, und es würde albern sein, bei allen diesen Umständen, von Franzosen etwas anders zu erwarten.
Alle Gewalttätigkeiten aber, die vorgegangen sind, alle Ermordungen, alle Plünderungen, Mordbrennereien, Ausschweifungen und überhaupt alle gesetzlosen Handlungen sind, in Vergleichung mit den Unordnungen und Greueln, womit von jeher ähnliche, ja! viel geringre Vorfälle bezeichnet gewesen, für nichts zu rechnen. Diese Revolution ist eine große, beispiellose und, sie falle aus, wie sie wolle, sie sei rechtmäßig oder widerrechtlich unternommen worden, der ganzen Menschheit wichtige Begebenheit ...

Zuerst die Mitteilung meiner frohen Empfindungen darüber, daß die edle Nation, um derentwillen uns die Knaben höhnen, unsere Anhänglichkeit durch ein so großmütiges und festes Betragen rechtfertigt; Freude und Jubel darüber, daß das Schicksal die gute Sache der Menschheit begünstigt! Gerade herausgesagt! mein ganzer Glaube an Gottheit, Vorsehung und Schöpfung hing daran, ob das große Werk fortrücken, oder sich in ein gemeines Possenspiel auflösen würde. Nun habe ich wieder Lust zu leben und zu wirken und zu kämpfen, denn ich weiß, es geht nun gewiß noch einst gut.

Brief an die Tochter

Hamburg, den 15. Juli 1790

Gestern, meine liebe Philippine, habe ich Deinen Brief erhalten, als ich eben von einem herrlichen, schönen Feste nach Hause kam. Es war ein Freiheitsfest zu Ehren der französischen Revolution. Es wurde außer der Stadt gefeiert; alles, was von rechtlichen, für Freiheit warmen Leuten in Hamburg lebt, war zugegen, kein Edelmann, außer mir, dem Grafen Dohna und Ramdohr aus Celle – kein Fürstenknecht war dazu eingeladen. Alle Frauenzimmer waren weiß gekleidet und trugen weiße Strohhüte mit dem Nationalbande, wovon ich Dir hier eine Probe schicke – auch Schärpen und Ordensbänder davon. Die Damen gaben dann auch den Herren Stücke von diesem Bande. Als ich mein Stückchen erhielt, machte ich meinen Orden los und heftete statt dessen dies Band an, welches allgemeinen Beifall fand. Wir hatten auch Musik. Ein Chor von Jungfrauen, die musikalisch waren, sang ein dazu verfertigtes Lied, dessen Refrain von uns allen wiederholt wurde. Wir blieben von zehn Uhr des Morgens an den ganzen Tag zusammen. Die drei schönsten jungen Weiber sammelten für die Armen. Klopstock las zwei neue Oden. Bei Abfeuerung der Kanonen, Musik und lautem Jubel wurden Gesundheiten getrunken, unter anderen: auf baldige Nachfolge in Deutschland, Abschaffung des Despotismus usw. Vor und nach Tische wurde getanzt. – Es war ein herrlicher Tag, und es wurde manche Träne der Rührung vergossen. Alle Amerikaner, Engländer, Franzosen und Schweizer, die hier sind, wurden dazu eingeladen [...]

Untersuchen wir unpartheiisch die Grundsätze, auf welchen die neue Konstitution beruht; so ist es unmöglich, zu leugnen, daß sie den Stempel der gesundesten, reinsten Vernunft tragen. Was die hellsten Köpfe aller Zeitalter einzeln über Menschen-Rechte, Menschen-Verhältnisse und über die reinen Zwecke aller gesellschaftlichen Verträge gesagt haben, das findet man hier in der einfachsten, deutlichsten Ordnung dargestellt und zum Fundament einer Gesetzgebung hingelegt, wie es noch nie eine natürlichere, gerechtere in irgend einem Lande der Welt gegeben hat. Ob sie in der Ausübung möglich, und ob die französische Nation dazu reif ist, das gehört zu den Dingen, worüber uns nur die Zeit aufklären kann; aber das behaupte ich, daß es keinen glücklichern Menschen auf Erden geben könne, als einen König, den ein, nach diesen Grundsätzen regiertes, diesen Gesetzen gehorchendes, nach diesen Begriffen von Recht und Billigkeit handelndes Volk würdig gefunden hat, ihn freiwillig an die Spitze des Ganzen zu stellen.

Während der unglücklichen Religions-, oder vielmehr Pfafferei-Kriege (denn es gibt keine Religions-Kriege) war Frankreich ein Schauplatz viel größerer Unordnungen – und über dies alles empört sich das Gefühl der vorgeblichen Menschenfreunde nicht. Daß ein Landesvater Tausende seiner Kinder, (daß es Gott erbarme!) das heißt seiner Untertanen, stückweise verhandle, um sie irgendwo, fern von ihrem Vaterlande, totschießen zu lassen, wenn damit Geld zu verdienen ist, wovon nachher Buhlerinnen und Müßiggänger unterhalten werden; das erlauben ihm die Menschenfreunde; aber wenn bei so einer allgemeinen Gärung der unbändige Pöbel unter zehn Schelmen auch vielleicht, in der blinden Wut, ein paar ehrliche Leute, gegen welche man Verdacht hat, aufhenkt; so wird davon ein Lärm gemacht, als wenn kein Mensch in Frankreich seines Lebens sicher wäre.

Mögen immerhin bösgesinnte Stürmer das Feuer angeblasen haben! Genug, dies Feuer war da, glimmte in allen Ecken, mußte unvermeidlich einmal mit Ungestüm ausbrechen. Noch einmal! ich vermesse mich nicht, darüber zu urtheilen und glaube nicht, daß irgend jemand bei *der* Lage der Sachen, sagen dürfe: »Das hätte man tun, das unterlassen sollen.« Ich glaube, daß die Anarchie kein Werk einzelner Aufrührer, sondern die unvermeidliche Folge der abscheulichen Behandlung ist, durch welche man das Volk aufs Äußerste getrieben hatte. Ich glaube endlich, daß die Deputierten zwar ihre Vollmachten überschritten sind, daß sie aber dem Geiste des größtenteils der Nation gemäß gehandelt haben, und daß, wenn sie weniger gethan hätten, neue Empörungen gefolgt seyn würden, bis doch alles endlich auf diesen Punkt des allgemeinen Umsturzes alles dessen, was irgend mit der ehemaligen Staats-Verwaltung zusammenhing, gekommen sein würde.

Die Hannoversche Regierung an den Oberamtmann von Knigge in Bremen

Hannover, den 2. Juli 1792

Unseren freundlichen Dienst zuvor, Edler, Bester, günstiger, guter Freund!

Wir haben mit dem größten Befremden wahrgenommen, daß von Euch, unter dem Titel »Joseph von Wurmbrands politisches Glaubensbekenntnis mit Hinsicht auf die französische Revolution« eine äußerst anstößige Schrift herausgegeben worden, in welcher die bürgerliche Ordnung und Verfassung sowohl als auch die Religion angegriffen und Empörung verteidigt und gepredigt wird. So offenbar die darin von Euch zu erkennen gegebene verkehrte Denkungsart und Grundsätze mit Eurem Dienst- und Huldigungseide streiten, so viel mehr ist es von Euch pflichtwidrig und anstößig, daß Ihr, als ein in einem obrigkeitlichen Amte stehender Diener Sr. Königlichen Majestät, Euch nicht entsehen möget, solche öffentlich an den Tag zu legen. Es ist dieses Euer Benehmen entweder die ärgerlichste Unbesonnenheit oder eine strafbare Vermessenheit und kann in beiden Betracht von Seiner Königlichen Majestät nicht anders als mit dem höchsten Mißfallen bemerkt werden. Wir finden für jetzt nötig, Euch auf das im Jahre 1731 erneuerte Edikt wegen der Zensur der Bücher zu verweisen, und befehlen nach dessen Inhalt euch hierdurch namentlich: hinführo, weder in- noch außerhalb Landes, irgend etwas, mithin auch nicht ohne Namen oder unter einem andern Namen, drucken zu lassen, was nicht vorher gehörigen Ortes zur Zensur eingereicht worden und selbige passieret ist, bei der in dem Edikt ausgedrückten Strafe und nach Befinden weiterer Ahndung. –

Wir sind Euch zu freundlichen Diensten geneigt.

Königliche Großbritannische, zur Kurfürstlich Braunschweig-Lüneburgischen Regierung verordnete Geheimräte.

(gezeichnet) v. Arnßwaldt

[Auf die Rückseite schrieb Knigge:]
Diese Schurken von Aristokraten erwidern mir also den Verweis, den sie, ihrer Nachlässigkeit wegen, einige Jahre vorher auf meine Klage von London erhalten haben. Sie wollen mich mutlos machen, damit ich meinen Abschied nehmen soll und sie nachher sagen können: ich sei ein unruhiger Kopf. – Über ein Buch, das mir die Achtung der weisesten Männer in und außer Deutschland erworben hat, fertigen sie mich ab wie einen Schulknaben. Sie wollen mich glauben machen, dies geschehe auf Befehl von London aus ...

Da wollen sie denn an mir ein Exempel zeigen, weil ich von niemand, wie von mir selbst, geschützt bin ...

Daß mein *»politisches Glaubensbekenntnis«* das beste Werkchen werden würde, was ich je geschrieben habe; das fühlte ich, ich gestehe es, während der Komposition; aber daß es so allgemein in allen Ecken von Deutschland, von Aristokraten, wie von Demokraten, gut aufgenommen werden, gekauft und übersetzt werden würde: das hatte ich in dem Maße nicht erwartet – Urteilen Sie nun, in welchem Lichte mir bei dieser Gelegenheit abermals meine lieben Landsleute erscheinen müssen, welche dies

Buch so schief beurteilen! Will man denn immer dem ganzen übrigen Deutschland um 20 Jahre hintennachhinken. Es ist nur eine Stimme darüber, daß meine Grundsätze gemäßigt und meine Winke den jetzigen Umständen angemessen sind.

Personen, die in solchem Ämtern und Würden stehen, welche man in freien Staaten für unbedeutend, unnütz oder gar für verächtlich und schädlich hält, Hofschranzen und andre besoldete, pensionierte und bepfründete Müßiggänger, können den Gedanken nicht ertragen, daß ein System Anhänger finden mögte, das ihre ganze Existenz vernichtet, indem es nur dem Fleiße und dem wahren Verdienste Achtung, Vorrechte und Vorteile einräumt.
Solche Fürsten und Edelleute, die sich bewußt sind, daß sie gar nichts mehr sein würden, wenn sie aufhören sollten, Fürsten und Edelleute zu sein;
Auch manche bessere, verdienstvollere Männer unter diesen, die aber von Jugend auf mit den Vorurteilen ihres Standes aufgewachsen und gewöhnt sind, Dinge, deren Wert jetzt in Frankreich gänzlich verrufen ist, wo nicht wie Schätze voll inneren, echten Gehalts, wenigsten wie eine, durch den Stempel der Konvention gewürdigte, nützliche Ware zu betrachten;
Geadelte Bürger und alle solche Personen, die es sich haben Mühe und Geld kosten lassen, in eine Klasse hinaufzurücken, mit Ständen in Verbindung zu kommen, die sie außerdem vielleicht verachten würden;
Hohe und niedre Geistliche aller Bekenntnisse, die so gern Religion und Gottes-Verehrung, Theologie, Dogma-

tik, Kirchen-System und Christuslehre mit einander verwechseln, ihr Amt zu einem besondern Stande im Staate erheben und ihre Sache zur Sache Gottes machen;
Solche Menschen, die überhaupt gegen jede Neuerung eingenommen sind und es gern beim Alten lassen; Schmeichler; feile, kriechende Schriftsteller, und alle solche Insekten, die unbemerkt herumkriechen und sich fürchten müßten, zertreten zu werden, wenn sie sich nicht in das Unterfutter der Großen dieser Erde einnisteten; an Leib und Seele arme Schlucker, die sich von den Brosamen nähren, welche von der Herren Tische fallen;
Gutmütige, furchtsame, mitleidige, gefühlvolle und sanguinische Menschen, welche durch die Schilderung der verübten Gewalttätigkeiten erschüttert und empört werden;
Untertanen guter Fürsten, besonders in dem nördlichen Teile von Deutschland, die, unter milden Regierungen, bei dem Genusse ihres Eigentums und ihrer Freiheit, gar keinen Begriff vom Despotendrucke haben und – o! der glücklichen Unwissenheit! – das Bedürfnis einer andern Verfassung nicht kennen;
Alle diese stimmen mehr oder weniger lebhaft die allgemeine Meinung *gegen* die Französische Revolution. Man kann ihnen, was die nachteiligen Eindrücke betrifft, welche sie bewirken, noch diejenigen zugesellen, die, aus unvernünftigem Eifer, ohne Kenntnis der Sache, aus unbändigem Freiheitssinne, aus ungerechter Unzufriedenheit mit den Regierungen, welche nicht so hohe Begriffe, wie sie selbst, von ihren Verdiensten haben, sich unberufen zu ungeschickten Verteidigern aufwerfen.

Grundzüge der neuen Konstitution

Wundert euch nicht, meine lieben Mitbürger [...]. Ihr habt gesehen, welche schrecklichen Dinge der Despotismus anstellen kann. [...] Wenn ihr das alles überlegt, so denke ich, ihr werdet die Notwendigkeit einsehen, bei Gründung einer neuen Konstitution auch die entfernteste Möglichkeit, wiederum unter das Joch der Tyrannei zu kommen, aus dem Wege zu räumen.

Diejenige Staats-Verfassung ist, vorausgesetzt, daß sie die übrigen Haupt-Erfordernisse habe, in jeder Periode die beste, welche erstlich mit dem dermaligen Grade der Kultur und den übrigen, der Veränderung unterworfnen Zeit-Umständen in der besten Harmonie steht, und zweitens, so wenig als dies mit Rücksicht auf die Bedürfnisse von Zeit und Umständen möglich ist, die natürliche Freiheit und die ursprünglichen Rechte jedes einzelnen Menschen einschränkt.

Fühlt Ihr nun die Notwendigkeit, bald Eure Systeme, Eure Maximen, Eure Verfassung zu ändern; (und wer von Euch sollte die nicht fühlen?) murrt sogar schon heimlich Euer Volk; so berufet die Landesstände; berufet frei gewählte Repräsentanten aus allen Klassen der Bürger; leget ihnen Eure Wünsche, Eure Klagen, Eure guten Entschlüsse vor; Überleget gemeinschaftlich mit ihnen, wie zu helfen sei; verheimlichet ihnen nichts! Ihr seid Ihnen Rechenschaft schuldig; gebt sie freiwillig, ehe man sie Euch abnötigt! Sie werden Euch das zum Verdienste anrechnen und Ihr gewinnt dadurch an Macht und an Würde. Entwerfet bestimmte Gesetze, die dem Genius des Zeitalters angemessen sind, und entsaget aller willkürlichen Gewalt, die niemand verantwortlich sein will!

Als Amerika die heilige, unleugbare Befugnis des Menschen, unbestimmte oder von seiner Seite gebrochene Kontrakte wieder aufzuheben, sich fremden Schutz zu erbitten, wenn man sich selbst schützen kann und die Früchte seines eignen Fleißes nach seiner eignen Weise zu genießen, gegen das uneigentlich so genannte Mutterland gelten machen wollte; da eiferten nicht nur Moralisten und Rechtsgelehrte wider die Undankbarkeit der Kolonien, sondern die Staats-Propheten sahen auch voraus, daß diese, von eigennützigen Bösewichtern und Aufrührern irregeleitete, nicht von einem Geiste beseelte, unter sich selber durch Uneinigkeit getrennte Leute, ohne disziplinierte Armee, ohne Bundesgenossen, ohne Geld, ohne Kredit, wenig ausrichten und bald zum Gehorsame würden zurückgeführt werden. Den Journal- und Bücherschreibern der damaligen Zeit, besonders dem empfindsamen Herrn Fähnrich Anburey, dessen Beschreibung von Nord-Amerika der Herr Geheimerat Forster übersetzt hat, schauderte die Haut, bei Schilderung der Abscheulichkeiten, durch welche die verblendeten Amerikaner sich alles Mitleids unwert machten und ihr armes Land für Jahrhunderte in eine Wüstenei verwandelten. Er, und mit ihm nicht nur mancher andrer Fähnrich, sondern auch mancher General und Mann von Gewichte, beschrieb die Heere dieser Vagabunden, als Räuber-Rotten, die kaum verdienten von regulierten Truppen zu Paaren getrieben zu werden. Wer hätte auch glauben wollen, daß Leute ohne Schuhe und Strümpfe, die zuweilen bloß davon liefen, wo man schicklicher nach dem Takte hätte retirieren sollen, die nicht wußten, was deployieren und durchziehn und dergleichen hieß, und deren Anführer gemeine Kerle, ohne Geburt und Stand waren, daß diese unsre bunten Männerchen mit Gold und Silber geziert, die, unter Anführung von Lords, Grafen und Edelleuten, alles nach dem Tempo zu tun verstanden, schlagen, gefangen nehmen und zum Lande hinausjagen würden? Die Zeitungen und Privat-Briefe waren voll von Zwist und Spaltung, die unter den Mitgliedern des Kongresses herrschten, von Trennung und Unterwerfung einzelner Provinzen unter Britanniens Szepter, von allgemeiner Anarchie, Mord und Raube. Und wie sieht es jetzt mit diesen Rebellen aus, nachdem kaum der sechste Teil eines Menschenalters seit jener Zeit verflossen ist? Keine Spur mehr von Mangel, Unordnung und Gärung! In voller Würde, respektiert und gefürchtet von allen Völkern des Erdbodens, steht der neu errichtete Staat da, nachdem er seine Freiheit mutig errungen und sich einen ehrenvollen Frieden verschafft hat – Ein wundersames politisches Phänomen! Menschen, unter verschiednen Himmelsstrichen geboren, nun in eine Nation zusammengeschmolzen. Provinzen, deren jede sich besondre Gesetze gemacht hat, zu einem großen Staats-Körper vereinigt, ohne gemeinschaftliches einzelnes Oberhaupt, ohne Adel, ohne herrschende Religion, im höchsten Wohlstande und Flor, den nur Freiheit, Frieden, gute Polizei, Handel, Wissenschaften und Künste gewähren können, von Tage zu Tage zunehmend, in brüderlichem Bündnisse mit ihren ehemaligen Vormündern, ein Muster, dem andre Völker nachstreben! Wie gern würde mancher Fürst, der damals von den amerikanischen Rebellen mit der tiefsten Verachtung redete, jetzt mit großer Herablassung und Dankbarkeit von der amerikanischen Nation eine kleine Statthalterschaft für einen seiner Prinzen annehmen, wenn dies Volk es zu erkennen wüßte, wozu ein Fürstensohn taugt! Wie gern verfertigte jetzt ein Schriftsteller, der damals seine Federn gegen den Kongreß wetzte, eine Lobrede auf die vereinigten Provinzen, wenn ihm das ein Jahrgeld eintragen könnte!

Ich rate Euch also Einen Mann – nennt ihn König, oder wie Ihr wollt! – zu wählen, der für Ausübung Eurer Gesetze und Aufrechthaltung Eurer Einrichtungen sorge. Man weiß dann, an wen man sich zu halten hat, und Er fühlt, daß Ehre und Schande und Verantwortung auf ihn allein fällt, statt daß da, wo Mehrere die Hände am Ruder haben, Verschiedenheiten in die Charakteren, Zwist, Mißverständnisse, die Einheit des Ganzen stören, die Geschäfte aufhalten und, indem einer die Schuld auf den andern schiebt, die Last dem andern aufladet, nichts mit Eifer und Ordnung betrieben wird.
Unsern König müssen wir aus dem ganzen Volke wählen, und das ganze Volk muß ihn wählen, und zwar einen Mann, der schon der Nation bekannt ist, folglich einen unter den Statthaltern, von denen ich nachher reden werde. Er bekleidet seine Stelle, so wie alle übrige höhere Staats-Bediente, nur sechs Jahre lang, und tritt dann in den Privatstand zurück, wenn man ihn nicht etwa aufs

neue wählt. Während seiner Amtsführung kann niemand ihn zur Verantwortung ziehen; so bald seine Zeit verflossen ist, kann die National-Versammlung Rechenschaft von ihm fordern. Eine Art, aller mannbaren Bürger Stimmen zu sammeln, habe ich vorgeschlagen, als ich den Häuptern des Kriegsheeres meinen ersten Entwurf zu Errichtung einer National-Versammlung vorlegte.
Der König hat, so lange seine Regierung dauert, unumschränkte Gewalt, die Gesetze der Nation mit aller vorgeschriebenen oder erlaubten Strenge, in Ausübung bringen zu lassen. Er wacht über die Ordnung im Ganzen; an ihn laufen die Berichte der Statthalter; bei eiligen, in den Gesetzen nicht bestimmten Fällen, befiehlt er vorerst, was geschehen soll; ist die Sache wichtig, betrifft sie zum Beispiel Krieg und Frieden; so beruft er die National-Versammlung, oder erbittet sich schriftlich ihre Stimmen. Diese National-Versammlung kömmt ordentlich zwar nur alle sechs Jahre einmal zusammen, weil dann die Mitglieder, woraus sie bestehen soll, aus allen Provinzen gewählt werden; allein diese sechs Jahre hindurch bleibt doch jeder von den National-Räten in dem Verhältnisse, daß er bereit sein muß, mit seiner Person oder seinem Gutachten sich einzustellen. In allen Fällen, die einmal in den Landes-Gesetzen bestimmt sind, bedarf es weiter keiner Anfragen, der König darf darin nichts willkürlich tun, muß immer pünktlich auf Befolgung derselben halten, darf eigenmächtig keine Strafen verhängen, aber auch keine Strafen erlassen, noch mildern.
Im Kriege ist der König kein Heerführer, sondern bleibt, so wie alle Staatsbediente, im Lande. Die Generale werden von der National-Versammlung ernannt und mit Instruktionen versehen.

Er ist verpflichtet, jeden Morgen drei Stunden lang jedermann, der ihn sprechen will, vor sich zu lassen, Klagen anzuhören, oder schriftliche Aufsätze darüber zu fordern, wenn das nötig ist, und dann die Sachen den verschiednen Gerichtshöfen zur Besorgung zu übergeben. Sechs untergeordnete Staats-Räte arbeiten unter seiner Anweisung in diesen Geschäften.
Mit ihm zugleich wird ein Vize-König erwählt, der aber nicht eher etwas mit Staats-Geschäften zu tun hat, als bis der wirkliche König krank, zur Arbeit unfähig wird, oder stirbt.
Die Residenz des Königs und des Staatsrats wird gleichfalls alle sechs Jahre, nach der Reihe, aus einer der zwölf Hauptstädte des Landes in die andre verlegt.
Des Königs Person ist nicht heiliger als die eines jeden andern nützlichen Bürgers; ihm wird keine Art von äußerer, sklavischer Verehrung bewiesen; er ist kein Gesalbter und kein Statthalter Gottes; er hat keine Leibwachen, keine ausgezeichnete Kleidung; seine Kinder und Verwandte sind Privat-Leute, wie wir alle; er ist niemand in Gnaden gewogen, und niemand ist ihm untertänig. Er erhält während der sechs Jahre seiner Amtsführung, da er nicht Muße übrig hat, durch Betreibung andrer Geschäfte seinen Unterhalt zu gewinnen, ein ansehnliches, doch nicht das Einkommen eines reichen Privatmannes überschreitendes Jahrgeld; allein der Staat besoldet ihm keine Hofschranzen, keine Müßiggänger, hält ihm keine Spielwerke. – Unser König soll ein weiser Mann sein, und ein weiser Mann ist über Flitterstaat, unnütze Bedürfnisse und Torheiten hinaus.
Der König kann keinen, auch den geringsten Diener des Staats nicht, weder ernennen, befördern, noch absetzen.

Alle werden entweder von ihren Untergebenen, oder von ihres Gleichen gewählt, oder, besonders die, welche Besoldung erhalten, von dem Collegio ihrer Vorgesetzten ernannt. Zu allen diesen Ämtern aber die Subjekte, so wie überhaupt alles, was der König nötig und nützlich findet, in Vorschlag zu bringen, das ist seine Pflicht; und seine Mitbürger werden gewiß gern, wenn sie können, auf seine Empfehlung Rücksicht nehmen, da seine Geschäfte ihn in den Stand setzen, die Bedürfnisse des Landes und die Fähigkeiten einzelner Personen genauer kennenzulernen.

Der Mensch in dieser Welt sucht Glückseligkeit, sucht sie vorzüglich, wenn er mit andern Menschen in Verbindung tritt; allein fühlt er sich hilflos und unbehaglich; um die Summe seiner Glückseligkeit zu vermehren, schließt er sich an seinesgleichen an. Glückseligkeit ist Lebensgenuß, und um des Lebens genießen zu können, muß man frei sein. Lebt man aber in Verbindung mit andern Menschen, so kann nicht jeder einzelne verlangen, *alles* zu genießen; er muß auch den übrigen erlauben, ihren Anteil Genuß von den allgemeinen Lebensgütern und Vorteilen zu schmecken; er muß also seiner Freiheit gewisse Grenzen setzen, in welchen er mit der allgemeinen Glückseligkeit seine eigne durch einzelne Aufopferungen befördert; denn sind die Grenzen der Freiheit zu enge gezogen, die Aufopferungen zu groß, so fühlt sich der Mensch in Verbindung unglücklicher als im isolierten Zustande; und so fällt also die Ursache weg, weswegen er sich an andre angeschlossen hat. Jedermann wünscht daher, auch als Staatsbürger noch immer so viel von der natürlichen Freiheit zu behalten, als mit der Wohlfahrt des Ganzen bestehen kann. Es kömmt jedenfalls darauf an, *richtige Begriffe von der bürgerlichen Freiheit* festzusetzen, damit wir, die wir das Joch der Tyrannen abgeschüttelt haben, um freie Bürger zu werden, uns untereinander verstehen und wissen mögen, was wir suchen und was wir erlangen können ...

Alle Ämter, Stände und Gewerbe im Staate aber sehen wir für gleich wichtig und vornehm an. Das Wort Rang wird bei uns gänzlich unbekannt werden. Der Staat bedarf ebenso notwendig eines Nachtwächters als eines Beamten, ebenso notwendig eines Schusters als eines Gelehrten. Wer kann bestimmen, wieviel eignes Verdienst der Mann und wieviel mehr oder weniger Nutzen das gemeine Wesen davon zieht, daß dieser Mann grade Talente zu dem und nicht zu jenem Geschäfte von der Natur erhalten oder ausgebauet hat? Und welcher Mann verdient wohl mehr Achtung und Vorzug; der, welcher mit besondrer Fertigkeit und mit unausgesetztem Fleiße jahraus, jahrein Schwefelhölzer schnitzelt und davon seine Familie ernährt, oder der Bücherschreiber, der einmal vortreffliche Dinge hat drucken lassen, die übrige Zeit seines Lebens aber gefaulenzt und, bei der Ungewißheit, ob er mit seiner Schriftstellerei wirklich etwas Gutes gestiftet, die Gelegenheit und Pflicht, unmittelbar seine Kräfte dem gemeinen Wesen zu widmen, verabsäumt hat? Vom Schuster kaufe ich Schuhe, weil er das Schuhmachen gelernt hat, vom Arzte eine Vorschrift für meine Gesundheit, weil er sich darauf versteht. Der eine kann sich glücklicher fühlen in dem Besitze einer edlen Kunst als der andre mit seiner bloß mechanischen Geschicklichkeit; das ist eine Sache; aber ich, der ich beider bedarf, warum soll ich weniger tief den Hut abziehen vor dem, der meine Blöße bekleidet, damit ich nicht durch Verkältung krank werde, als vor dem, der mir, wenn ich krank bin, zu helfen sucht? Mit der innern Ehrerbietung und Achtung, ja! da ist es ganz etwas anders; wenn wir diese zum Maßstabe unsrer äußern Behandlung annehmen wollen, so bin ich gern zufrieden.

1. Alle Handlungen eines Bürgers im Staate *können* ein Gegenstand der Gesetzgebung sein, weil sie alle Einfluß auf das Ganze haben können; eine andre Frage aber ist, ob es *gut sei*, über *alle* Handlungen Vorschriften zu geben? Es ist also keinem Zweifel unterworfen, daß der Staat sich zum Beispiel in das Erziehungswesen mischen und darüber Gesetze geben *dürfe*, weil es ihm nicht einerlei sein kann, was für Bürger ihm die folgende Generation liefert; allein es ist noch nicht ausgemacht, ob es zweckmäßig und vorteilhaft sei, oder nicht, sich in das Geschäft der Privat-Erziehung zu mischen. Ganz gleichgültige Handlungen einzuschränken, wäre nun vollends Torheit.

2. Neue Gesetze aber, welche die Freiheit gewisser Handlungen einschränken, können nur mit Wissen und Willen *aller* erwachsenen Bürger im Staate gegeben werden.

3. Da nicht zu erwarten steht, daß Tausende leicht einerlei Meinung sein werden; so muß, bei einer solchen Gesetzgebung, die Mehrheit der Stimmen entscheiden. Die weiseste Meinung ist nun aber freilich nicht immer die Meinung des größern Haufens; allein jeder kann sich für den Weisesten halten; und wer darf dann entscheiden? Es bleibt daher kein anderes Mittel übrig, als die Mei-

nung der mehrsten für die beste Meinung zu halten; und am Ende muß es ja auch von dem größten Haufen abhängen, unweise Gesetze zu geben, wenn er nun einmal keine andre haben will, weil der größere Haufen der stärkste Teil ist, und das Recht der Stärkern in der ganzen Natur die Oberhand hat.

4. Es muß jedermann erlaubt sein, wenn ihm diese Gesetze nicht gefallen, das Land zu verlassen, in welchem man gezwungen wird, nach denselben zu handeln. Ein Gesetz also, welches den Bürgern im Staate das Auswandern verbietet, ist ein tyrannisches Gesetz; denn die bürgerliche Einrichtung soll eine Wohltat für einzelne Menschen sein, und man darf niemand zwingen, wider seinen Willen Wohltaten anzunehmen.

5. Durch das Recht des Stärkern, folglich auch durch Vereinigung der größern Anzahl gegen die kleinere, folglich auch durch Entscheidung der Mehrheit der Stimmen, könnten ungerechte Befehle gegeben werden; die bloße Freiheit aber, sich diesen Ungerechtigkeiten durch Auswanderung aus dem Lande zu entziehen, scheint manchen guten und nützlichen Bürger in die Verlegenheit stürzen zu können, des Eigensinns vieler schiefen Köpfe wegen, mit seinem gradern Kopfe, das Land zu verlassen und die Früchte seines Fleißes darin mit dem Rücken anzusehen, ein Land, in welchem er manche andre Gemächlichkeit fand und auf vielfache Weise Gutes stiften konnte. Um auch diesen Nachteil vom Staate abzuwälzen, muß man jedem erlauben, die Gemüter der größern Anzahl zum Vorteile seiner Meinung zu lenken. Da doch am Ende alles auf dem Recht des Stärkern beruht, so darf man auch niemand die Mittel benehmen, durch *Stärke des Geistes*, durch die Übermacht, welche

höhere Verstandeskräfte gewähren, der andern Macht das Gleichgewicht zu halten. Es muß daher jedem unverwehrt bleiben, frei über zu machende und zu verändernde Gesetze seine Meinung zu sagen und zu schreiben, und alle Künste der Überredung und jedes andre Mittel anzuwenden, um den großen Haufen, welcher entscheidet, auf seine Seite zu bringen. Wendete er unedle Mittel an, und ließen seine Mitbürger sich durch unedle oder sophistische Gründe lenken, so wäre das ein Zeichen, daß die mehrsten dieser Leute schlechte, unvernünftige Menschen wären; und da würde dann erfolgen, was sie verdienten und der Ordnung der Dinge angemessen ist – sie würden eine schlechte Staats-Verfassung bekommen. Dies wird aber schwerlich der Fall sein, und wenn man nur zwanglos der Ordnung der Natur den freien Lauf läßt, so wird auf die Länge immer die Sache der gesunden Vernunft die Oberhand behalten.

6. Ist ein Gesetz einmal gegründet, so muß freilich die heranwachsende Generation sich demselben unterwerfen, obgleich sie nicht ihre Stimme dazu gegeben hat; denn sie hat ja keinen neuen Staat zu errichten, sondern der Staat ist schon gegründet, in welchem zu leben die Neuhinzukommenden entweder die Freiheit behalten, und sich dann den Vorschriften unterwerfen müssen, oder aber auswandern mögen. Allein auch dies könnte zu einer Art von Ungerechtigkeit werden; nach Verlauf eines Jahrhunderts lebt ja keiner von den Gesetzgebern mehr; auch verändern sich die Zeiten und Umstände; da ist es dann unbillig, daß Menschen ihren freien Willen nach Vorschriften einschränken sollen, die in alten Zeiten Personen gegeben haben, welche gar keine Gewalt über die Handlungen solcher Menschen haben konnten,

die damals noch nicht existierten. Um auch diesen abzuhelfen, muß jedem Bürger im Staate freistehen, nicht nur über zu gebende Verordnungen ungestört seine Meinungen zu sagen und sie auf alle Art gelten zu machen, sondern diese Freiheit muß sich auch auf sein Urteil über schon existierende Gesetze und Einrichtungen erstrekken, die er abgeschafft zu sehen wünscht. – *Frei und ungehindert muß also jeder Bürger über Regierung und Staatsverwaltung reden und schreiben dürfen.*

7. Da der Ton des Zeitalters, da Lebensart und Sitten, Verhältnisse der Einwohner gegen einander und gegen Fremde, das Land selbst, kurz! alles, in einem Zeitraume von einem Menschenleben sich verändert, so werden manche heute gegebene Gesetze, nach fünfzig Jahren unnütz und zwecklos sein. Es ist daher der Klugheit gemäß, daß die Volks-Versammlung, nach Ablauf einer gewissen, zu bestimmenden Zeit, die sämtlichen Landesverordnungen aufs neue durchgehe, untersuche, Einwendungen dagegen und nützliche Vorschläge zu Abänderungen und Neuerungen, von jedem Bürger im Staate sich vorlegen lasse, und danach ein neues Gesetzbuch verfertige.

8. So gewiß jede Handlung eines Bürgers durch Gesetze bestimmt oder eingeschränkt werden darf, wie ich das schon bewiesen habe, so sehr befördert es die allgemeine und die Privat-Glückseligkeit, daß man bei der Gesetzgebung darauf Rücksicht nehme, *so wenig als möglich* die natürliche Freiheit einzuschränken, sich unter einander keinen unnützen, oder gar schädlich werdenden Zwang aufzulegen. Es werden daher bei unsrer Legislation eine Menge kleiner Verordnungen wegfallen, die bei andern Völkern ganze Bände füllen.

9. Da die Gewalt der Gesetzgebung sich nur auf *Hand-*

lungen erstreckt, so können *Gedanken* und *Meinungen* gar nicht, offenbare *Absichten* sehr selten ein Gegenstand derselben sein.

10. Was der Mensch besaß, ehe er in die bürgerliche Verbindung trat, was er ohne sie besitzen kann, was er ihr nicht zu verdanken, von ihr nicht zu erwarten hat, wovon sie ihm den Besitz nicht zuzusichern vermag, endlich was er ihr nicht aufopfern kann, weil er selbst nicht Herr darüber ist; das darf eben so wenig ein Gegenstand der Gesetzgebung werden.

11. Weil es jedermann erlaubt sein muß, auch über die wichtigsten Dinge frei und offenherzig seine Meinung zu sagen, und nur Handlungen der Gegenstand der Gesetzgebung sind, so dürfen also gesprochene und geschriebne Worte, von welcher Art sie auch sein mögen, nie durch Gesetze eingeschränkt werden.

12. Da auf diese Weise der Staat den Bürgern Gelegenheit gibt, öffentlich alles Gute zu tun und zu reden, zum Besten des Ganzen und zu ihrer eignen Wohlfahrt alle redliche Mittel anzuwenden, sie auch gegen Beeinträchtigung dieser Freiheit kräftig schützt; so darf er dagegen desto strenger jede geheime Machination, jede versteckte Meuterei, jede im Finstern schleichende Wirksamkeit einzelner und verbundner Menschen, jede anonyme Verunglimpfung, Schmähung und Anklage, verdächtig finden und ahnden; denn da, wo man der Vernunft der Ausbreitung nützlicher Kenntnisse und der Ausführung nützlicher Zwecke keinen Zwang auflegt, da kann es keine erlaubte geheime Künste und keine redliche geheime Plane geben. – So viel von der bürgerlichen Freiheit und den Grenzen der gesetzgebenden Macht im allgemeinen!

Die Verfeinerung des Geschmacks – Vom Nutzen der schönen Künste und der Unterhaltung

Als einer der wenigen seiner Zunft im ausgehenden 18. Jahrhundert verstand Knigge seine schriftstellerische Tätigkeit als einen Beruf. Er war unglaublich fleißig und schrieb viel, denn er mußte davon leben. In seinem *Aufrichtigen Geständnis meiner Poligraphie*, einem selbstkritischen Rechenschaftsbericht seiner literarischen Bemühungen, räumte der Vielschreiber denn auch ein: *Niemand kann lebhafter als ich selbst fühlen, welcher Ausfeilung meine zuerst herausgegebenen Schriften noch bedurft hätten, um irgend einen Grad von Vollkommenheit zu erreichen. Indessen wurden sie und werden noch immer häufiger gelesen und öfter ausgelegt, als sie es verdienen. Der Verleger bat um mehr Ware von der Art, machte mir vorteilhafte Bedingungen und ich wies den Erwerb nicht von mir.*

Dabei bediente er alle gängigen Genres und literarischen Gattungen – vom sentimentalen Familienroman bis zur spannenden Schauergeschichte, von der Reisebeschreibung bis zum Briefroman, von der Übersetzung bis zur bissigen Satire –, und dies alles so erfolgreich, daß er von den dabei erzielten Einkünften auch tatsächlich seinen Lebensunterhalt bestreiten konnte. In seinen Gedanken *Über Schriftsteller und Schriftstellerei* hat er sich sogar theoretisch mit dem Schreiben auseinandergesetzt und dabei nichts weniger als eine eigene Poetik entwickelt. Hier auch hat er seine Gedanken über die schönen Künste und die Vorzüge des Schauspiels niedergelegt.

Über Schriftsteller und Schriftstellerei

Schriftstellerei ist also öffentliche Mitteilung der Gedanken; gedruckte Unterhaltung; laute Rede, an jeden im Publico gerichtet, der sie hören will; Gespräch mit der Lesewelt;

Durch Schriftstellerei kann unendlich viel Gutes bewirkt werden; wir ehren also diejenigen Männer unter uns, die durch ihre literarischen Produkte, welche nützliche, der menschlichen und bürgerlichen Gesellschaft interessante Gegenstände behandeln, auf ihr Zeitalter vorteilhaft gewirkt oder große, bis jetzt versteckt oder verdunkelt gewesene Wahrheiten in Kurs gebracht und in ein helleres Licht gesetzt haben. Wir ehren sie, aber wir verderben sie nicht durch Schmeichelei, durch übertriebne Lobeserhebungen und setzen nicht den Mann, welchen die Natur mit hinreißender Beredtsamkeit, lebhafter Einbildungskraft und einem hellen Blicke ausgerüstet hat, so daß er Sätze, die in manches Biedermanns Kopfe und Herzen ruhen, klar, lichtvoll und rührend vorträgt, diesen setzen wir nicht in unsrer Achtung weit über den hinaus, der ein langes Menschenleben hindurch in der Stille und unbemerkt, ohne Bücher geschrieben zu haben, immer gleich edel, verständig, konsequent und fest gehandelt und durch Rat, Tat und Beispiel viel Gutes um sich her verbreitet hat.

Er [der Schriftsteller] enthalte sich der Empörungen, aber er klage und warne laut, wo der Redliche gedrückt und die Wahrheit mit Füßen getreten wird. Er rede, wo es die Klugheit erlaubt; er rede laut, wo es nützen kann. Und hat er gar, durch die Stelle, welche er im Staate bekleidet, doppelten Beruf zu reden; dann müsse ihm keine Menschenfurcht, kein Eigennutz die Zunge binden; er rede!

Niemand aber hat Beruf, Dinge laut auszurufen, die anständiger und zweckmäßiger nur wenigen gesagt werden, die einzelnes Unheil stiften können, ohne im allgemeinen Gutes zu bewirken. Niemand hat Beruf, das Zutrauen guter Menschen zu mißbrauchen; öffentlich aufzudekken, was der vorsichtige und redliche Mann lieber nicht wissen, viel weniger bekanntmachen mögte: noch vor das Tribunal des Publikums zu ziehen, was nur vor den Richterstuhl des Hausvaters oder der gesetzmäßigen Obrigkeit gehört, so lange diese ihm nicht Ohr und Gerechtigkeit verweigert.

Mitleidenswürdig, wenn nicht empörend, ist daher die Unbescheidenheit, einiger unsrer neuen Schriftsteller, die über die wichtigsten Gegenstände entscheidende Urteile fällen; die größten Männer in und ausser ihrem Vaterlande, als wären diese ihre Schüler, belehren; ohne vielleicht je über die Grenzen ihres kleinen Vaterlandes hinaus geschritten zu sein; ohne je einen Blick in die Kabinette getan, ohne durch Übung in Staats-Geschäften und durch den genauen Umgang mit den Großen die feinen, verdeckten Triebfedern des politischen Uhrwerks kennengelernt zu haben; ohne geläuterte Welt- Menschen- und Seelenkunde; ohne Scharfblick und gesunde Denkkraft, ganzen Völkern und deren Vorstehern Verhaltungs-Regeln geben; Staats-Verfassungen kritisieren; philosophische Systeme über den Haufen werfen; mit Verachtung von den größten Köpfen unsers Zeitalters reden und sie der Unwissenheit beschuldigen; ihre eignen Schriften, wie symbolische Bücher, ihre unreifen Urteile in Journalen, wie Machtsprüche der höchsten Instanz, zitieren und Zurechtweisungen nennen – Solche Unbescheidenheit, sage ich, erregt Mitleiden und Unwillen: aber kein guter Schriftsteller wird sich ihrer schuldig machen.

Im ganzen kann man in Deutschland nicht über Geringschätzung guter Schriftsteller klagen. Edle Fürsten setzen großen Dichtern Jahrgelder aus, stiften Akademien, bestimmen Preise, rufen Gelehrte von Bedeutung in ihr Land und geben ihnen ansehnliche Besoldungen; der Mann, welcher sich durch seine literarischen Produkte Ruhm erworben hat, wird an Höfen und in den Häusern der Vornehmen mit ausgezeichneter Achtung behandelt, wenn seine Sitten fein und gefällig sind; und was das deutsche Publikum betrifft, so ist dies nur gar zu geneigt, Schriftsteller bei ihrer ersten vorteilhaften Erscheinung durch zu viel Lob, Beifall und Schmeichelei zu verderben und dadurch Eitelkeit und Autorstolz zu nähren. Das Andenken verstorbner großer Schriftsteller wird geehrt; man errichtet ihnen ja sogar marmorne Denkmale, indes die Asche manches um das Wohl seines Vaterlandes wahr-

haftig verdient gewordnen Mannes ein mit Füßen getretner Sandstein deckt.
Allein übertrieben und lächerlich sind oft die Forderungen unsrer Schriftsteller. Ein junger Herr, der einmal ein paar leidliche Verslein zur Welt gebracht, einen kleinen Roman geschrieben, ein mittelmäßiges Schauspiel hat drucken lassen, glaubt sich dadurch so groß geworden, daß er meint, der ganzen Welt Augen müßten auf ihn gerichtet sein. Er wundert sich über die Barbarei, welche da herrscht, wo nicht jedermann sich beeifert, ihn aufzusuchen, ihn zu den ersten Zirkeln einzuladen, ihm zu huldigen. Und leider! wird diese törichte Einbildung von gewissen Liebhabern der leichtfüßigen Literatur dadurch unterhalten, daß diese sich um einen solchen schönen Geist, der vielleicht alles, was er je Zusammenhängendes in seinem Leben gedacht, auf einmal zu Papier gebracht hat, umherdrängen, als wäre er ein Wesen höherer Art.

Ungerecht ist die Klage, daß unsre Dichter, Künstler und Schauspieler nicht genug aufgemuntert und zu schlecht bezahlt würden. Grade das Gegenteil! Wir verderben diese Menschen nur gar zu gern in Deutschland durch frühes Lob und durch Schmeichelei. Wenngleich unsre Schauspieler nicht, wie in England, im Grabe neben unsern Königen verwesen, so füttern wir sie doch bei Lebzeiten ganz gut, wenn sie anders gute Wirte sein wollen. Fragen Sie einmal an manchen Höfen: wer besser bezahlt wird, ob der erste Schauspieler oder der geschickteste Regierungsrat? Übrigens aber läßt sich auch das Talent gar nicht bezahlen, und die Erfahrung aller Zeiten lehrt uns, daß die kümmerlichsten Umstände mehrenteils dem

Genie den größten Schwung gegeben haben, dahingegen die Künstler im Wohlleben nicht selten anfingen, faul zu werden.

Jeder seichte Kopf, der nur ein weiches Herzchen hat, den edeln Müßiggang und ein liederliches Leben liebt, legt sich heutzutage auf die schönen Wissenschaften, glaubt Beruf zum Künstler zu haben, macht Verse, schreibt für das Theater, spielt ein Instrument, komponiert, pinselt – und so muß denn am Ende der Geschmack ausarten und die Kunst verächtlich werden. Deswegen sehen wir auch ganze Herden solcher Künstler herumlaufen, die nicht einmal mit den ersten theoretischen Grundsätzen ihrer Kunst bekannt sind; Musiker, die nicht wissen, aus welcher Tonart sie spielen, die nichts vorzutragen verstehen, als was sie auf ihrer Geige oder Pfeife auswendig gelernt haben; ohne philosophischen Geist, ohne gesunde Vernunft, ohne Studium, ohne wahres Naturgefühl, aber dagegen mit desto mehr Selbstgenügsamkeit und Impertinenz ausgerüstet; unter sich von Brotneid entbrannt; neidisch auf einen Liebhaber, der ihr Hauptstudium nur als Nebensache treibt und dennoch mehr davon weiß als sie, die weiter nichts gelernt haben. Hat ein solcher aber Anhang unter den Leuten nach der Mode, genießt er die Protektion der anmaßlichen Kenner, so wage man es ja nicht, laut zu sagen, daß er ein Stümper sei, wenn man nicht für einen unwissenden Menschen gelten und alle Dilettanten gegen sich aufbringen will: Allein wen ekelt nicht vor der Menge solcher vornehmen und geringen Dilettanten, vor ihren schiefen Urteilen, vor ihrem albernen Gewäsche?

Eine Menge Leute, die weder Lust noch Geschicklichkeit haben, nützliche Arbeiten im Staate zu treiben, leben davon, daß sie Bücher machen. Das erste, was ihnen grade in den Kopf kömmt, werfen sie auf das Papier. Am mehrsten Unfug wird mit den sogenannten schönen Wissenschaften getrieben [. . .]. Die literarischen Husaren verstehen nichts Gründliches vom Dienste. Weil sie nicht Lust haben, die Regeln zu lernen, die doch aus der Natur geschöpft sind und ohne welche man des sichern Erfolgs nie gewiß ist, sich auch leicht zu weit verirrt, so stellen sie sich, als verachteten sie alle Regeln, als wären diese völlig überflüssig. Es erscheint jetzt in Deutschland, unter dem Namen von Gedichten, Schauspielen und Romanen, ein solcher Wust von geschmacklosem Zeuge, daß wir uns dessen vor unsern Nachbarn schämen müßten, wenn es nicht, leider! in allen Ländern ebenso herginge. An fleißige Ausfeilung seiner Werke denkt niemand. In einer müßigen Stunde, oder wenn der Autor Geld bedarf, bei guter oder schlechter Laune, heiterm oder umwölktem Kopfe, ohne seinen Gegenstand im ganzen durchgedacht zu haben, schreibt er den Bogen voll und schickt ihn vor Abend in die Druckerei.

Wenn man sich vorgenommen hat, über einen Gegenstand zu schreiben; so beschäftige man sich viel mit Nachdenken darüber; man erhalte sich ihn immer gegenwärtig; auf Spaziergängen, in schlaflosen nächtlichen Stunden und überhaupt, wo man irgend Muße dazu hat, betrachte man einen solchen Gegenstand von allen Seiten und in allen seinen Teilen! Man bringe dies in Gedanken in eine gewisse Ordnung, in ein System, in richtigen Zusammenhang! Man sammle Materialien, werfe sie, um seinem Gedächtnisse zu Hilfe zu kommen, mit kurzen Worten auf's Papier und numeriere diese Bemerkungen, diese Fingerzeige, diese Geburten des Augenblicks, diese glücklichen Einfälle, die vielleicht nicht so gut wiederkommen! Hat man das eine Zeitlang hindurch getrieben; so wird bald alles sich zu diesem Werke im Kopfe ordnen und man fühlt, daß es wirklich schon vollendet ist, noch ehe man einen Federstrich an der Ausarbeitung gemacht hat. Will man nun die Arbeit zu Ende bringen; so nehme man seine Notaten vor Augen, entwerfe ein Gerippe des Ganzen, schreibe bei jedem Glied desselben die Nummern und Notaten, die dahin gehören und arbeite die einzelnen Teile aus – nicht zu viel auf einmal, um nicht zu ermüden und nachlässig zu werden! Was fertig geworden ist, lese man nicht gleich, sondern einige Stunden nachher ohne Zerstreuung durch und verbessere, was uns unbestimmt, unpassend und nicht gut gesagt dünkt! Man schreibe nicht mehr, wie ungefähr die Arbeit eines Tages beträgt, auf einmal ins reine! Während des Abschreibens wird uns abermals manche Verbesserung einfallen. Das Abgeschriebene lese man wiederum mit Aufmerksamkeit durch und zuletzt – das ist eine höchst notwendige Sache, um noch manchen Übellaut, manche Kakophonie, manche Ungehörigkeit im Stile auszumerzen – lasse man sich's laut vorlesen! Wer endlich noch die Korrektur seines Werks, wenn es gedruckt wird, selbst übernimmt, kann auch da noch die letzte Hand anlegen. Auf diese Weise vermag man viel und doch gut zu schreiben, ja! mehrere Werke zugleich zu vollenden, und kein Gedanke geht verloren.

Die *Satire* hat von jeher Nutzen gestiftet und viel weniger Unheil angerichtet, wie Leute, die kein gutes Gewissen haben, gewöhnlich vorzugeben pflegen. Der redliche und verständige Mann braucht keinen satirischen Schriftsteller, ja! nicht einmal einen *Pasquillanten* zu fürchten. Wenn durch sie auch seine kleinen Schwachheiten an den Tag kommen! – wer hat deren nicht? – Solcher Schwachheiten wegen wird man von andern redlichen Leuten nicht verachtet. Thoren und Schurken aber hält oft die billige Furcht vor der Satire von neuen Albernheiten und Verbrechen zurück. Es gibt Untaten, die kein Gegenstand der gerichtlichen Bestrafung werden können; ein gelinder und milder Weg, diese zu ahnden, ist, sie der Verspottung preiszugeben, ohne den Namen des Verbrechers zu nennen. Sobald dies letztere nicht geschieht, darf die Satire für kein Pasquill gelten und greift nicht in die Rechte der Justiz.

Keine Gattung von Schriften scheint geschickter, das Nützliche mit dem Gefälligen zu verbinden und ernsthafte, wichtige Wahrheiten in ein angenehmes Gewand zu hüllen, wie der Roman. Hier werden Bilder aus dem wirklichen Leben dargestellt, ohne daß der Maler sich einem so vielfachen Zwange zu unterwerfen braucht, wie der dramatische Schriftsteller. Den unbedeutendsten Stoff, wahr oder erdichtet, kann er mit dem größten Erfolge nützen. Er läßt so viel Personen aus allen Ständen auftreten, wie ihm beliebt, in so fern er sie nur zu Einer Hauptgruppe zu vereinigen versteht. Er kann eine unendliche Mannigfaltigkeit von Charakteren auf den Schauplatz bringen. Er läßt seine Personen handeln, schreiben, erzählen, dichten, raisonnieren über hohe und niedre Gegenstände, sich mit einander unterhalten; und wenn er ihnen die kühnsten Meinungen und Grundsätze in den Mund legt, darf niemand ihn zur Verantwortung ziehn, in so fern diese Meinungen und Grundsätze nur zu dem Charakter der Personen passen. Die Lenkung ihrer Schicksale ist in seiner Hand; seine Phantasie beglückt einzelne Menschen, Familien und ganze Völker. Allein darum glaube doch der Romanschreiber nicht, daß gar keine Regeln für diese Gattung von Werken stattfänden, daß er sich weder um Moralität noch um Würde und Interesse des Gegenstandes, weise Verteilung, Einheit des Zwecks, Behandlung, Anknüpfung, Ausdehnung, Verwicklung und Lösung, Wahrscheinlichkeit, Diktion, Korrektheit und Anständigkeit zu bekümmern habe!

So gut wird's nicht dem armen Büchermacher,
Den heißer Trieb des Nachruhms plagt,
Wenn ihn das Heer gelehrter Widersacher
Am Helicon parforce jagt.

Es wittert bald der Rezensenten Meute
Des unberufnen Autors Pfad,
Der, kraftlos, sich, der wilden Jagd zur Beute,
Im Lorbeer-Wald verloren hat.

Kaum streckt der Wicht aus Phöbus' heil'gem Haine
Voll Angst den leeren Kopf hervor;
So packt ihn schon ein Kritiker beim Beine
Und dort ein Aristarch beim Ohr.

Er fiele gern von so berühmten Händen,
Wär' nur sein Lohn Unsterblichkeit
Und trotzte nur sein Nam' an goldnen Wänden
Der traurigen Vergessenheit.

Nun aber wird, als wär er nie gewesen,
Kein Mund zu seinem Lob' bewegt.
Sein anders Ich, sein Werk wird ungelesen
Zu Pfeffer-Tüten hingelegt.

Mit Hoffmann[1], Mees'[2] und ...[3] Fragmenten
Hat sein Oktavband gleiches Glück –
So kläglich geht's den Männern von Talenten;
So hart verfolgt sie das Geschick!

Die armen Schriftsteller als die Triebfedern so großer Revolutionen anzuklagen, das ist die Sprache derer, welche die Wahrheit nicht gern laut werden lassen mögen und in Verewigung aller Art von Stumpfheit, Blindheit und Dummheit der Völker ihren Vorteil finden. Ihnen ist daran gelegen, die Schriftsteller, welche gewisse Dinge an das Licht bringen, verdächtig zu machen, um die Erdengötter zu bewegen, ihnen Stillschweigen aufzulegen. Vernünftige und unparteiische Leute aber wissen wohl, daß

1 Ein großer Schriftsteller in Wien.

2 Meese, oder Masius; ein berühmter Welt-Reformator und Religions-Vereiniger.

3 Ein menschenliebender und bescheidner Arzt, weiser Politiker und gewissenhafter Geschichtsschreiber, der seit einiger Zeit, sehr unschuldig, viel von der allgemeinen Undankbarkeit des Publicums hat leiden müssen.

einzelne Büchermacher nicht die Denkungsart ganzer Nationen mit ihren Federkielen umschaffen können, sondern vielmehr in den Ideengang mit hineingerissen werden, auf welchem die Fortschritte der Kultur das Volk forttreiben, dessen Teile sie sind. Solcher schöpferischen Genien, die ganz neue, in ihrem Zeitalter unerhörte Lehren zu ersinnen und öffentlich vorzutragen, Geist, Kraft und Mut genug hätten, gibt es in Jahrhunderten nur wenige, und diese wenige stiften weder viel Schaden noch Nutzen, haben nicht viel Einfluß auf den großen Haufen, werden nicht verstanden, nicht gewürdigt. Wenn aber in allen guten Köpfen gewisse kühne Wahrheiten schon gären; dann pflegen die Schriftsteller zu Hilfe zu kommen, und wohl etwa Gedanken zur Reife zu bringen, die jedoch auch ohne ihr Zutun, obgleich nicht so früh, allgemein geworden sein, Festigkeit und Bestimmtheit bekommen haben würden. Diese Behauptung wird durch die Geschichte der Fortschritte der Kultur aller Zeiten bestätigt, und so ist es auch in Frankreich gegangen. Man muß nicht Ursachen und Wirkungen verwechseln, noch das, wovon der Grund ganz nahe zu finden ist, in entfernten Gegenden aufsuchen. Luther war ein großer Mann; wäre aber nicht, durch die abscheuliche Tyrannei der römischen Hirarchie und durch die Albernheit ihrer Lehrer, der vernünftigste Teil der ganzen Christenheit längst empört gewesen; hätten nicht schon die allmälichen Fortschritte der Kultur die Reformation vorbereitet und hätte nicht das Privatinteresse so vieler Personen mitgewirkt; so würde Luther nebst seinen Gehilfen, statt eine große Revolution in ganz Europa zu bewirken, in dem Kerker eines Klosters seine Laufbahn geendigt, und niemand würde sich um ihn bekümmert haben.

Die *echte Kritik* ist eine große Wohltäterin der Literatur; sie beurteilt mit nüchterner Vernunft und Unparteilichkeit die Werke der Schriftsteller mit Rücksicht auf Natur, Schönheit, Wahrheit und die darnach bestimmten Regeln der Kunst; vergleicht sie mit den Meisterstücken, die den Beifall aller verflossenen Zeitalter gewonnen haben; läßt sich nicht hinreißen von einzelnen blendenden Schönheiten, sondern hat stets den Zweck und die Wirkung des Ganzen in allen seinen Teilen vor Augen. Sie widersetzt sich einem einreißenden üppigen oder verderbten falschen Geschmacke, gefährlichen Täuschungen, Vorurteilen und Irrtümern; zeigt durch Zergliedrung der bessern Werke jungen Schriftstellern den Weg, welchen sie gehn müssen, wenn ihre Arbeiten dauernden Wert haben sollen, und lehrt die Leser sich Rechenschaft geben von den Eindrücken, die ein Buch auf sie macht. Sie läßt sich nicht irremachen durch Autoritäten, Vorliebe, Mode, vorübergehenden Enthusiasmus, Schwärmerei und Ansehn großer Namen. Je berühmter, je größer der Mann, desto mehr fordert, desto strenger ist sie in ihrem Urteile.

Der Mann von wahren Verdiensten nimmt gern gründliche und bescheidne Zurechtweisung an; der Stümper findet immer, daß ihm Unrecht geschieht, und klagt ohne Unterlaß über Verschwörung der Rezensenten gegen ihn.

So groß der Nutzen ist, den die echte Kritik stiftet, so wenig schadet den wahrhaftig guten Werken der ungeschickte, parteiische oder hämische Tadel von einzelnen Rezensenten. Er kann eine Zeitlang den Debit eines Buchs hie und da hemmen; aber noch nie ist ein vortreffliches Werk durch die Kabale der Kunstrichter zu einem

Ladenhüter geworden, so wie auch noch nie die Posaune feiler Rezensenten einer Schüler-Arbeit die Unsterblichkeit erblasen hat. Vernünftige Leute werden nur durch Gründe bestimmt, vergleichen die Beurteilung mit dem Beurteilten, und die Stimme der Wahrheit dringt doch durch, trotz aller Kabale.

Lustig anzusehn aber ist es, wenn zwei Schriftsteller sich einander mündlich oder schriftlich loben und preisen, vorteilhafte Rezensionen gegenseitig erschleichen, sich bei lebendigem Leibe einbalsamieren und sich eine glänzende Ewigkeit zusichern.

Ich glaube, daß der Staat weder gerecht handelt noch wirklich Gutes stiftet, wenn er hierüber Zwangs-Gesetze gibt und dadurch den freien Umlauf der Gedanken hemmt. Vielmehr müßte wohl jeder Schriftsteller auf seine Gefahr (das heißt, auf die Gefahr, von einzelnen beleidigten Personen gerichtlich belangt oder von weisern Menschen widerlegt zu werden) schreiben dürfen, was ihm beliebt.

Reden wir jetzt von dem Betragen, von den Pflichten des Lesers gegen den Schriftsteller! Zuerst soll, denke ich, jener nie vergessen, daß dieser sich nicht nach dem Geschmacke jedes einzelnen richten kann. Was für dich, in deiner Lage, in deiner Stimmung, höchst interessant ist, das scheint einem andern vielleicht äußerst langweilig und unbedeutend, und wahrlich, der Mann müßte ein

Hexenmeister sein, der ein Buch verfassen könnte, in welchem jeder für seine paar Groschen fände, was er suchte. Es gibt Bücher, die man durchaus nur dann lesen muß, wenn man ebenso gestimmt ist, als der Mann war, der sie schrieb, so wie es auch andre gibt, deren Sinn und Schönheit man immer, in jeder Laune, fassen und sich eigen machen kann. Nicht immer sind darum *jene* geistvoll, groß und erhaben von Inhalt, noch im Gegenteil immer schwärmerisch und fieberhaft. Nicht immer enthalten darum *diese* lauter bestimmte, ewige Wahrheiten, auf kalte, unwiderlegbare, allein des vollkommnen Mannes würdige, unerschütterliche Philosophie gegründet, oder, im Gegenteil, nicht immer gemeine, ohne Mühe leicht zu verdauende Seelenspeise. Sei also nicht zu strenge, mein gelehrtes Leserlein, in Beurteilung eines sonst nicht schlecht geschriebenen Buchs, oder behalte wenigstens deine Meinung darüber in deinem Kopfe, in welchem oft viel leerer Raum ist, und verschreie das Buch nicht! Am wenigsten aber laß dich verleiten, den moralischen Charakter des Schriftstellers, auf bloße Mutmaßung, bei dieser Gelegenheit anzugreifen, ihm schädliche Absichten beizumessen, seinen Worten einen erzwungenen Sinn zu geben und seine Winke hämisch auszubeuten! Beurteile nicht ein Buch, wenn du nur einzelne Stellen daraus gelesen hast, und bete nicht das Lob und den Tadel unwissender, boshafter, oder feiler Rezensenten nach!

Bei der Menge unnützer Schriften tut man übrigens wohl, ebenso vorsichtig im Umgange mit Büchern als mit Menschen zu sein. Um nicht zu viel Zeit mit Lesung unnützen Papiers zu verschwenden, das heißt: um nicht von Schwätzern mir die Zeit verderben zu lassen, suche ich, auch von dieser Seite, nicht neue Bekanntschaften zu machen, bis der allgemeine Ruf mich auf ein gutes, oder besonders originelles Buch aufmerksam macht. Ich bin mit einem kleinen Zirkel alter guter Freunde zufrieden, die ich oft, und immer mit neuem Vergnügen, schriftlich mit mir reden lasse.

Über das Schauspiel

Die schönen Künste verfeinern den Geschmack, mildern die Sitten, rühren das Herz, machen es zum Wohlwollen geneigt und stimmen es zu allerlei sanften und edeln Empfindungen; allein die Freuden, welche sie gewähren, müssen keusch und vorsichtig genossen werden. Ihr Mißbrauch macht weich, weibisch, wollüstig, erhitzt die Phantasie, bringt die Sinnlichkeit in Aufruhr und lenkt von ernsthafter Anstrengung ab. Deswegen nun machen wir es nicht eben zu einer Staatsangelegenheit, den Flor der schönen Künste tätig zu befördern, sondern überlassen dies der Zeit und der zunehmenden Kultur.

Die Schauspiele aller Nationen sollen den Zweck haben, Tugenden und Laster, Torheiten und Vortrefflichkeiten zu schildern und dem Menschen die Lehren, deren er bedarf, in Handlung anschaulich darzustellen, weil sichtbares Beispiel kräftiger wirkt und mehr interessiert als gepredigte Moral. Wenn man dem Zuschauer die Torheiten und Laster von der lächerlichen Seite zeigt, so gibt man ihm die Pille vergoldet mit Belustigung. Er lacht, ohne zu merken, daß es auf seine eigene Kosten geschieht, und die Arzenei wirkt, wenn sie gut ist, dennoch. Will man ihm die schrecklichen Verwüstungen, welche unbändige wütende Leidenschaften anrichten, darstellen, so zeigt man ihm ihre fürchterlichen Folgen und erfüllt ihn mit Mitleiden für die gekränkte Unschuld und mit Abscheu gegen das Laster. Wenn man den kalten Zuschauer für diese Eindrücke empfänglich machen, sein

Herz rühren, auf seine Sinne wirken will, so nimmt man die übrigen schönen Künste, Musik, Tanz, Mimik, Malerei u.s.f. zu Hilfe.

Es ist eine sehr gewöhnliche Bemerkung, daß Fürsten und überhaupt alle die, welche das Glück anlächelt, so ungern einen Blick auf das menschliche Elend werfen. Von ihrer ersten Jugend an gewöhnt nur heitre Szenen zu sehen, und alles zu entfernen, was ihr Herz weich machen könnte, haben sie gar keinen Begriff von dem vielfachen Jammer, den hoffnungslose Liebe, fehlgeschlagene Wünsche, Armut, Druck und alle die mannigfaltigen Leiden erregen, denen der Mensch, auf dem die schwere Hand des Schicksals liegt, ausgesetzt ist. Deswegen sind so viele unter ihnen harte, oder wenigstens unempfindliche Leute. Das Theater hat hier also den edlen Zweck zu erfüllen, die Großen der Erde Menschlichkeit und Bruderliebe zu lehren.

Die Schauspiele und andre öffentliche Vergnügungen sind in manchen deutschen Städten sehr prächtig; die Hospitäler, Waisen- und Findelhäuser hingegen elend und jämmerlich. In großen Residenzen geht man unentgeltlich in die Oper, muß aber seinen Platz in der Kirche und alle gottesdienstlichen Handlungen, Trauung, Taufe, Beichte etc., bezahlen. Ein Tänzer oder ein verschnittner welscher Sänger bekömmt jährlich funfzigmal mehr Gehalt als ein Volkslehrer und Kindererzieher. Jener wird bei den Großen des Reichs zur Tafel gebeten, wenn sie sich selber ehren, für Kenner der Kunst gelten wollen; diesen hingegen bittet höchstens dann ein Minister einmal zum Essen, pflanzt ihn neben der Tür hin und redet kein Wort mit ihm [...].

Wie soll ein Schauspiel-Direktor es anfangen, das Publikum sowohl durch die Wahl der Stücke, welche er aufführen läßt, als auch durch die Art, wie er sie aufführen läßt, zufriedenzustellen?

Wenn eine Gesellschaft in Diensten eines Hofs steht und, von einem Fürsten besoldet, nicht auf die Eingangs-Gelder große Rücksicht zu nehmen braucht, dann kann der Directeur bei der Wahl der Stücke entweder sich nach den Befehlen der Herrschaft richten oder, wenn man ihm freie Hand läßt und er die nötigen Kenntnisse dazu hat, die Ausbreitung des echten Geschmacks und das Bedürfnis des Orts zum Gesichtspuncte nehmen. Ganz anders aber sieht es aus, wenn es Not ist, den Vorteil seiner Kasse zu Rate zu ziehn. Da muß die Erfahrung, welche von seinen Stücken von dem größten Teile des Publicums am liebsten gesehn werden, seine Schritte leiten.

Allein, woraus ist der Geschmack des Publikums am sichersten abzunehmen? Man murrt über die schlechte Wahl der Stücke; ein Freund gibt dem Directeur den Wink, er möge doch dies oder jenes Lustspiel aufführen; dann würde er gewiß zahlreichen Zuspruch haben. Der Rat ist gut gemeint, ist aber vielleicht nur nach dem Geschmacke des kleinen Zirkels von Menschen, mit denen jener Freund in Verbindung steht, eingerichtet; der Directeur folgt, und eine andre Klasse von Einwohnern, vielleicht bei weitem die größte, ist unzufrieden und läßt das Haus leer.

Wonach soll nun der Directeur *den wahren Geschmack des Publikums* beurteilen? und im allgemeinen! Was beweist *vor* und *gegen* den *Wert eines Schauspiels?* Läßt sich beides nach dem mehr oder weniger zahlreichen Zuspruche bestimmen, so wäre ein Einnahmen-Verzeichnis der verschiedenen Schaubühnen der richtigste Nachweiser des an verschiedenen Orten herrschenden Geschmacks, des verschiedenen Werts, den man an diesem oder jenem Orte auf ein und dasselbe Schauspiel legte. Mancher Unternehmer dürfte zwar Bedenken tragen, seine Geld-Einnahme genau bekanntzumachen; aber es bedarf auch dessen nicht. Ein jeder wird, nach Verhältnis des Orts, bestimmen können, was bei ihm eine gute oder schlechte Einnahme sei; es gibt aber auch Abstufungen dazwischen. Daher könnte man folgende Einnahme-Leiter machen: *schlecht; gering; mittelmäßig; gut; sehr gut; stark.* Unter die Staffeln dieser Leiter setzte man z.B. die Einnahme eines Vierteljahrs, etwa von einer gewissen Anzahl Vorstellungen. Man sähe daraus, woran das Publikum an einem Orte am mehrsten Behagen gefunden; die Gegeneinanderhaltung mehrerer Verzeichnisse wäre das Ergebnis (Resultat) des verschiedenen Geschmacks, und wenn *vox populi, vox dei* und ein Schauspiel nur insoweit gut ist, als es in dem Zeitalter, in welchem es geschrieben worden, dem Volke, für welches es geschrieben worden, gefallen hat, so wäre dies der richtige Maßstab für den wahren Wert der dramatischen Produkte. Und gesetzt, dies wäre nicht nützlich, nicht unterrichtend! – unterhaltend wäre es gewiß.

Nur muß man die Kunst verstehen, den Weg zu des Zuschauers Seele zu finden, Interesse zu erwecken, zu unterhalten, den Zeitpunkt aus der Geschichte zu nehmen, der am vorteilhaftesten, am zweckmäßigsten zur Darstellung ist, kurz, eine weise Ordnung und Ökonomie in seiner Gewalt zu haben.

Erschütternde Szenen haben ihren großen Nutzen, zu ihrer Zeit. Menschen, die das Glück anlächelt, werfen mehrenteils ungern einen Blick auf das Elend. Von ihrer ersten Jugend an gewöhnt, nur heitere Szenen zu sehen und alles zu entfernen, was ihr Herz weich machen könnte, haben sie gar keinen Begriff von dem vielfachen Jammer, den hoffnungslose Liebe, betrogene Freundschaft, fehlgeschlagene Wünsche, Armut, Druck und alle die mancherlei Leiden erregen, denen der Mensch, auf dem die schwere Hand des Schicksals liegt, ausgesetzt ist. Das Theater hat hier also den edlen Zweck zu erfüllen, die Großen der Erde Menschlichkeit, Wohlwollen und Bruderliebe zu lehren.

Man soll aber diese Arzenei nicht zentnerweise auswerfen, und es hat keinen Zweifel, daß der Mensch, welcher sich zu sehr an den Anblick erschütternder Szenen gewöhnt, zuletzt verhärtet wird. Auch muß man nie vergessen, daß ein Teil der Zuschauer in das Schauspielhaus geht, um Erholung von Kummer und Geschäften darin zu suchen, daß also die Lehre, welche man ihm geben will, zuweilen in Vergnügung gehüllt werden und daß man diese Klasse von Menschen nicht von sich stoßen müsse.

Liebhabertheater sind itzt in vielen Städten von Deutschland anzutreffen; allein wo diese nicht unter der

Aufsicht geschickter Dramaturgen stehen, da sind sie mehrentheils nur ein unnützer Zeitverderb und geben nebenher zu manchen Zwisten, wo nicht zu ärgern Dingen Anlaß. Bei der besten Absicht erreichen solche gesellschaftliche Bühnen zuweilen keinen höhern Grad von Vollkommenheit als die Spiele der kleinen herumziehenden Banden.

In manchen Gegenden von Deutschland reißt der Geschmack an Operetten gar zu sehr ein. Wenn man das Unnatürliche dieser Gattung Schauspiele betrachtet; wenn man überlegt, welche elende kleine, unbedeutende, oft sehr unmoralische Intrige bei diesen Possenspielen zum Grunde liegt, besonders bei den französischen (von den italienischen Farcen dieser Art will ich nicht einmal reden), so sollte man sich billig wundern, daß das Publikum dergleichen so häufig sehen mag. Die artige Musik lockt freilich die Leute heran. Allein es ist übel genug, daß unsre Musik nur *artig* ist, daß die Tonkunst – bei den Alten als großes, Seelen erschütterndes Ressort angewendet – bei uns zu einem Spielwerke für jeden Gassenbuben herabgewürdigt ist. Wenn der griechische Gesetzgeber glaubte, Musik mache überall zu weich, zu schlaff, was würde er von unserm heutigen Getrillere und Geleier, von unsern Rondeaux, *Allegretti con Variazioni*, Romanzen und dergleichen urteilen?

Und nun, wertester Leser

Und nun, wertester Leser, eile ich zum Schlusse dieses Werks. [...] Finden Sie etwas darin, das Ihrer Aufmerksamkeit wert ist, wird dies Buch vom Publico gütig aufgenommen und billig beurteilt, so wird mir das mehr Freude machen, als mir bis jetzt selbst der beste Erfolg irgendeiner meiner Schriften gewährt hat. Wenigstens hoffe ich, Sie werden hier keine Grundsätze antreffen, deren sich ein rechtschaffner und verständiger Mann schämen dürfte, und, wenn es sonst kein anders Verdienst hat, ihm doch das der Vollständigkeit nicht absprechen; denn ich glaube, daß doch nicht leicht irgendein Verhältnis im geselligen Leben gefunden werden könne, über welches ich nicht etwas gesagt hätte – ob gut oder schlecht oder beides vermischt oder mittelmäßig von Anfang bis zu Ende, das darf ich nicht entscheiden.

Anhang

Nachwort

»Die Toren und Narren in Deutschland feiern ein Freudenfest, und die Klugen und Rechtschaffenen trauern, denn es starb ein edler deutscher Mann, Adolph Freiherr von Knigge. Seit sechs Jahren an sein Bett geschmiedet, der edelsten aller Gottesgaben, der Gesundheit beraubt, war er dennoch ununterbrochen tätig fürs Wohl der Menschheit. Jeden Augenblick, den ihm seine Berufsgeschäfte übrigließen, jeden Augenblick, worin die Schmerzen seines körperlichen Zustandes ihn nicht völlig zu Boden drückten, wandte er zu Arbeiten an, die ganz Deutschland zu Genüge bekannt sind. Unermüdet geißelte er Toren und Affen, wo er sie fand, und züchtigte Bösewichter, lohnte, teilte der Welt aus dem Schatz seiner praktischen Menschenkenntnis Erfahrungen mit, die er, ach! nur zu teuer erkauft hatte, und half, unterstützte, tröstete wenigstens die unschuldig Leidenden. Mit männlichem Mute griff er jedes Vorurteil an, wo er es fand, und achtete nicht der unmenschlichen Neckereien, womit das Heer der Pinsel und Buben ihn, wie jeden rechtlichen Mann, um so heftiger verfolgte, da diese elenden Pygmäen vor dem Talente und dem unerschöpflichen Witze des guten Knigge zu beben Ursache hatten. [...] So ruhe denn sanft in deiner Gruft, edler, oft verkannter Dulder! Verfolgter Freund des Rechts und der Wahrheit, Feind jedes schändlichen Aberglaubens und jedes Wahn, unermüdeter Arbeiter für Menschenglück, ruhe sanft.«

Am 6. Mai 1796 starb Adolph Freiherr Knigge, erst 44 Jahre alt, in Bremen. Sein Freund und Mitstreiter Friedrich Rebmann hat den mitfühlenden Nachruf geschrieben und dabei des praktischen Aufklärers gedacht, dessen Name sich bis heute, 200 Jahre nach seinem Tod, lebendig gehalten hat. Ins Bewußtsein des breiten Publikums ist Knigge eingegangen als der Verfasser eines vermeintlichen »Benimmbuches«, das 1788, ein Jahr vor Ausbruch der Französischen Revolution, erschien und sofort seine Leser fand. Der *Umgang mit Menschen*, der 1796 bereits in der 5. Auflage herauskam und sich auf dem damaligen Buchmarkt rasch zu dem entwickelte, was heutzutage ein Bestseller genannt wird, machte Knigge zu einem der populärsten Schriftsteller im ausgehenden 18. Jahrhundert überhaupt. Nichts allerdings hatte dem *Kenner der Menschen und der Bestien*, wie Heinrich Heine den Freiherrn später genannt hat, ferner gelegen als ein Buch für feine Manieren und alberne Anstandsregeln. Wer das Original liest, wird finden, daß es wie kaum ein zweites Buch der Epoche das Programm der bürgerlichen Aufklärung enthält und Prinzipien für eine ebenso sinnvolle wie glückliche Lebensführung formuliert.

Sehr rasch nach Knigges Tod verschütteten Umdeutungen und Trivialisierungen des *Umgang mit Menschen* die politischen und sozialen Intentionen des Buches. Noch kaum eine der Neuauflagen hielt sich an den ursprünglichen Text. Spätere Ausgaben hatten buchstäblich nichts mehr mit dem der Philosophie Jean-Jacques Rousseaus verpflichteten Essay zu tun. Wo Knigge beispielsweise über den Umgang mit den Großen dieser Welt geschrieben hatte: *Stimme ihnen nicht bei, wenn sie je vergessen wollen, daß sie, was sie sind und was sie haben, nur durch die Übereinkunft des Volkes sind und haben,* fälschte der Bearbeiter einer Jubiläumsausgabe die Pointe des Textes wie folgt: *Stimme ihnen nicht bei, wenn sie je vergessen wollen, daß sie, was sie sind und was sie haben, nur durch die Gnade Gottes sind und haben.* Was heute mit Knigges Namen im Titel Absatz findet, zeugt meist nur noch entfernt von der ursprünglichen Wirkungskraft. So ist Knigges bekanntestes Buch zugleich Quelle aller Mißverständnisse mit dem Freiherrn.

Nicht anders denn als Verrat an der Klasse, der er entstammte, konnte etwa dieser Satz gedeutet werden: *Der redliche, fleißige Handwerker ist viel vornehmer als der faule, schlechte Minister, und nur die Verderbnis der menschlichen Einrichtungen hat einen so lächerlichen Vorzug eines Standes vor dem anderen eingeführt.* Wie viele seiner aufgeklärten Zeitgenossen sah auch Knigge mit *Galliens Freiheit*, die Klopstock nach der Revolution von 1789 besungen hatte, das Zeitalter einer befreiten Menschheit anbrechen. Natürlich bekam er von seinen Standesgenossen zu hören, womit er rechnen mußte. *Dieser Freiherr Knigge, einer der schamlosesten Volksaufwiegler in Deutschland, niemand unter uns predigt das Rebellionssystem mit größerer Arglist als der Freiherr* – so scholt man den Edelmann, der das Lager gewechselt und sich an die Seite der Handwerker und Bürger gestellt hatte.

Eine wahre Sturzflut von Schmähschriften ergoß sich über ihn, weil er für Gleichheit und Freiheit eintrat. Die Propagandisten der feudalen Reaktion im Heiligen Römischen Reich Deutscher Nation attackierten ihn wegen *verkehrter Denkungsart*; seine Schriften seien eine *schlecht maskierte Empfehlung der Revolution*. Das waren nur einige der Vorwürfe aus dem Arsenal des adligen

Sturmlaufs gegen Knigge. Der Leibarzt Friedrichs des Großen, Johann Georg Zimmermann, verstieg sich gar zu der Anschuldigung: *Man beklatschet den Volksaufwiegler Knigge wegen der unzählbaren Pasquillen, die er des lieben Brotes willen schrieb.* Und weiter: *Alle deutschen Demokratennester sind der Widerhall Kniggescher Grundsätze, und Knigge ist der Widerhall der ganzen deutschen Aufklärungspropaganda.* Der Vorleser der englischen Königin, Jean André Deluc, veröffentlichte eine Schrift, in der Knigge mit Thomas Paine, einem der bekanntesten Vorkämpfer der republikanischen Bewegung in Amerika, verglichen wird: *Beide,* so stand da zu lesen, *führen das höchst verführerische Losungswort im Munde; beide sprechen von Menschenrechten!*

Im Jahre 1795 erregte ein Eingriff in die persönliche Freiheit Knigges erhebliches Aufsehen; sogar im Zentrum der Revolution, in Paris, wurde Notiz davon genommen. *Baron Knigge,* so hieß es im ›*Moniteur Universel*‹, *ist verhaftet worden. Gegen alles Völkerrecht haben sie ihn in Fesseln geschlagen und nach Hannover ins Gefängnis bringen lassen.* Der empört aufgenommene Bericht war zwar übertrieben und stimmte im Detail nicht ganz, markiert jedoch, welchen Bekanntheitsgrad der Baron noch jenseits des Rheins genoß. Was war vorgefallen?

1790 hatte Knigge eine Anstellung in Bremen als Oberhauptmann und Scholarch gefunden. Er konnte zu diesem Zeitpunkt froh sein, als Radikaler im öffentlichen Dienst überhaupt in einer Staatsstellung untergekommen zu sein. Die Gegend erschien ihm zu platt; auch vermißte er die schönen Gartenanlagen, wie er sie von seinen ausgedehnten Reisen quer durch Deutschland, vor allem aus Leipzig und Hamburg kannte. Was ihm an den äußeren Bedingungen mißfiel, das lobte er an den Menschen der Stadt um so heftiger: *Zum Ruhme von Bremen aber sei gesagt, daß es hier, nach Verhältnis, weniger müßige Menschen gibt.* Von seiner vorgesetzten Dienststelle in Hannover hatte Knigge nun den Befehl erhalten, sich von Bremen nach Stade zur Erledigung dringender Geschäfte zu begeben. In Wirklichkeit sollte er ohne Aufsehen aus der Stadt gelockt werden. Höheren Orts fürchtete man nämlich, der einschlägig bekannte *freie* Herr Knigge, wie er sich unter demonstrativer Weglassung seines Adelsprädikats seit längerer Zeit nannte, könnte die Bevölkerung gegen englische Truppen, die sich der Stadt näherten und von dort aus gegen die französischen Revolutionsheere eingesetzt werden sollten, aufwiegeln. Zwar wurde Knigge nicht verhaftet und auch nicht in Fesseln geschlagen, wie es vorschnell in Paris hieß, doch waren die Behörden den Quergeist erst einmal los.

Im übrigen fruchtete alles Kesseltreiben gegen Knigge nichts: Der Freiherr blieb standhaft und mochte von seinen Idealen nicht lassen: *Diese Schurken von Aristokraten, sie wollen mich mutlos machen, damit ich meinen Abschied nehmen soll und sie nachher sagen können, ich sei ein unruhiger Kopf.* Solch feste Haltung brachte dem für bürgerliche und republikanische Tugenden eintretenden Adligen die Hochachtung und Verehrung der Demokraten im ganzen Land ein – wofür nicht nur der einfühlsame Nachruf Rebmanns steht. Aus seiner Gesinnung machte der Freiherr jedenfalls keinen Hehl: *Es ist besser, das Alte mit Stumpf und Stiel auszurotten, als ewig zu flicken und nie ein vollkommenes ganzes zu-*

stande zu bringen, notierte er kurz nach dem Umsturz in Frankreich. Als sich der Sturm auf die Bastille am 14. Juli 1790 zum erstenmal jährte, da feierte Knigge in Hamburg mit Gleichgesinnten unter Böllerschüssen, bei Musik und lautem Jubel, während die Frauenzimmer Schärpen in den Farben der Trikolore trugen und der alte Klopstock neue Oden vortrug. Man prostete sich zu und trank auf die baldige Nachfolge der Revolution in Deutschland. In einem Brief an seine Tochter Philippine schwärmte Knigge: *Es war ein herrlicher Tag, und es wurde manche Träne der Rührung vergossen.*

1792 verfaßte er die Programmschrift *Josephs von Wurmbrand, politisches Glaubensbekenntnis mit Hinsicht auf die Französische Revolution und ihre Folgen.* Die Schrift liest sich als flammendes Plädoyer für die bürgerliche Lehre vom Gesellschaftsvertrag und eine republikanische Verfassung, in der kein Platz mehr ist für angestammte oder gar göttliche Rechte der Fürsten auf immerwährende Herrschaft. Während politische Freunde wie der Pädagoge und Publizist Joachim Heinrich Campe noch das *vortreffliche politische Glaubensbekenntnis mit Enthusiasmus* lasen, kam von Knigges Vorgesetzten prompt eine weitere und ernste Warnung: *Wir haben mit größtem Befremden wahrgenommen, daß von Euch eine äußerst anstößige Schrift herausgegeben worden, in welcher Ordnung und Verfassung als auch Religion angegriffen und Empörung gepredigt wird.*

In der Tat: die herrschende Ordnung und geltende Verfassung paßten ihm nicht. Wie kaum ein zweiter Schriftsteller und Publizist seiner Zeit hatte er eine sehr klare Vorstellung von dem, was an die Stelle der historisch erledigten Adelsherrschaft treten sollte. Noch im ersten Begeisterungstaumel über die französische Generalumwälzung hatte er *Benjamin Noldmanns Geschichte der Aufklärung in Abysnien*, halb Staatsroman, halb Satire, geschrieben. Darin findet sich eine der vielleicht bedeutendsten Staatsutopien, die Deutschland in diesen Jahren hervorbrachte. Bis in die Einzelheiten hinein legte Knigge eine republikanische Staatsverfassung vor, die er selbst – nicht ganz unbescheiden – für so gelungen hielt, daß er sich immerhin mit dem Gedanken trug, das Konvolut dem französischen Nationalkonvent vorzulegen: *Ich glaube, es stände doch wohl manches darin, das einem Gesetzgeber Stoff zum Nachdenken liefern könnte; und so würde ich dann stolz darauf sein, auch ein Schärflein zu der neuen, großen Pyramide hinzulegen.*

Daß Knigge dennoch bis in die jüngste Zeit hinein als Benimm-Apostel gehandelt wurde, mit dessen Namen auf manchem Buchdeckel windige Verleger ein schnelles Geschäft zu machen hofften, ist vor dem skizzierten Hintergrund immerhin erstaunlich. Nicht ganz schuldlos an dem Rufmord sind Literaturhistoriker, die Knigge gerade wegen seiner politischen Auffassungen, die im Kern auf die Einführung des Parlamentarismus in Deutschland zielten, übel verunglimpften. Da hieß es dann, er sei *ein rein subalternes Talent* gewesen, *ein unerquicklicher Polemiker.* Für die Einstufung als Trivialautor reichte bisweilen der Satz: *Bei Goethe kommt der Name nicht vor!* – was, nebenbei bemerkt, nicht zutrifft. Am 3. August 1793 speisten der Geheime Rat und der freie Herr Knigge in Mannheim miteinander. Dort waren, allerdings schon zehn Jahre zuvor, Knigge und Schiller zusammen-

getroffen, und zwar am 14. April 1784 anläßlich der Uraufführung von *Kabale und Liebe*. Mit Lessing stand Knigge auf vertrautem Fuße; seit jüngstem wissen wir überdies, daß Knigge der bislang unentdeckt gebliebene Herausgeber der zwei letzten Stücke aus den Lessingschen Freimaurergesprächen *Ernst und Falk* war. Nichtsdestoweniger findet sich in manch unterdessen verblichener Literaturgeschichte der Satz: *Große dieser Erde hat er nicht gekannt!*
Was auch in noch anderer Hinsicht unzutreffend ist. Lange bevor Knigge nämlich ins Zentrum öffentlicher Auseinandersetzungen wegen seines Eintretens für die Französische Revolution geraten war, hatte er bereits beträchtliches Aufsehen erregt durch sein Engagement in verschiedenen Geheimgesellschaften seiner Zeit. Als junger Mann war er in Kassel dem Freimaurerbund in der Loge *Zum gekrönten Löwen* beigetreten. Die Freimaurerei hatte im Hause Knigge eine beträchtliche Tradition. Schon Knigges Vater war ein tätiger Freimaurer gewesen und hatte in Göttingen zu den Begründern der ersten Loge in Deutschland überhaupt gehört.
Den Freimaurerlogen als Keimzellen der bürgerlichen Aufklärungsbewegung liefen die damals fortschrittlichen Intellektuellen nur so in Scharen zu. Auch Knigge zählte dazu. Doch weil ihm das geheime Wirken der Maurer zu langsam vonstatten ging und ihm überdies der erhoffte persönliche Aufstieg verwehrt blieb, sah er sich schon bald nach einem neuen Betätigungsfeld um und fand es schließlich in dem radikal-aufklärerischen Illuminatenorden, einem Geheimbund, der von dem Ex-Jesuiten Adam Weishaupt 1776 gegründet worden war und sich zum Ziel gesetzt hatte, die Menschen durch beständige

moralische Vervollkommnung frei und glücklich zu machen. Was dem Ordensstifter in jahrelangen Bemühungen nicht gelungen war, vermochte Knigge dank seines unermüdlichen Einsatzes und großen Organisationstalents in kürzester Frist zu erreichen. Er gewann dem Orden in beträchtlicher Zahl neue Mitglieder im gesamten deutschsprachigen Raum, darunter höchst angesehene Schriftsteller, Gelehrte, Fürsten und politisch einflußreiche Männer. Goethe, Herder, Musäus, Hufeland – die Creme der damaligen Gelehrtenrepublik trug sich in die Mitgliederlisten ein. Von Knigge persönlich wurde auch der Verleger Lessings angeworben, der Berliner Buchhändler Friedrich Nicolai.

Knigge, das war der in Deutschland stets so seltene Fall eines gelehrten Kopfes, der über politischen Verstand und satirisches Talent zugleich verfügte und als Schriftsteller beides zu nutzen wußte, der *zu spekulieren* verstand und wirkungsvolles Engagement dabei nicht aus den Augen verlor. Der Freiherr verkörpert den frühen Typus eines bürgerlichen Intellektuellen, in dem sich der moralische Enthusiasmus der Zeit mit dem politischen Lebensideal einer heraufziehenden bürgerlichen Gesellschaftsordnung verband. An diesen ebenso amüsanten und geistreichen wie ernsthaften und gelegentlich pedantischen Mann zu seinem 200. Todestag zu erinnern, hat sich die vorliegende Textsammlung vorgenommen. Die Auswahl erstreckt sich quer durch das umfangreiche Werk, das in einer heute vorliegenden Ausgabe 24 Bände umfaßt – Romane, Satiren und Polemiken, Rezensionen, Reisebeschreibungen und Predigten, Übersetzungen, Theaterstücke und politische Schriften. Nicht für den gelehrten Fachmann und den kenntnisreichen Kritiker, die mit Leben und Werk Knigges schon vertraut sind, ist diese Edition bestimmt. Sie ist vielmehr für Leser gedacht, die mit Texten und Ansichten eines in jeder Hinsicht ungewöhnlichen Mannes bekannt werden möchten.

Jörg-Dieter Kogel

Quellenverzeichnis

Die Wiedergabe der hier abgedruckten Texte folgt mit zwei Ausnahmen (Über den Umgang mit Menschen, Reise nach Braunschweig) der jeweiligen Erstausgabe. Dabei wurde die Orthographie und Zeichensetzung nach möglichst einheitlichen Regeln zugunsten der Lesbarkeit behutsam modernisiert. Folgende Ausgaben wurden benutzt:

- Allgemeines System für das Volk. Zur Grundlage aller Erkenntnisse für Menschen aus allen Nationen, Ständen und Religionen in einem Auszuge herausgegeben. Nicosia 1873 (1779 oder 1780)
- Ueber Jesuiten, Freymaurer und deutsche Rosencreutzer, herausgegeben von Joseph Aloisius Maier, der Gesellschaft Jesu ehemaligen Mitgliede, Leipzig 1781
- Der Roman meines Lebens in Briefen herausgegeben, erster und zweiter Teil, Riga 1781, dritter und vierter Teil, Riga 1782/1783
- Sechs Predigten gegen Despotismus, Dumheit, Aberglauben, Ungerechtigkeit, Untreue, Müssiggang, Frankfurt am Mayn 1783
- Geschichte Peter Clausens. Von dem Verfasser des Romans meines Lebens mit kurfürstl. Sächs. gnädigster Freiheit, drei Teile, Frankfurt am Main 1783-1785
- Sechs Predigten über Demuth, Sanftmuth, Seelen-Frieden, Gebeth, Wohlthätigkeit und Toleranz, Heidelberg 1785
- Beytrag zur neuesten Geschichte des Freymaurerordens in neun Gesprächen Mit Erlaubniß meiner Obern herausgegeben, [Berlin?] 1786
- Die Verirrungen des Philosophen oder Geschichte Ludwigs von Seelberg, zwei Teile, Frankfurt am Main 1787
- Sechs Predigten über Trost im Leiden, Bezähmung der Leidenschaften, Gute Werke, Verläumdung, Bibelstudium und Schmeicheley, Frankfurt am Main 1788

– Briefe über die neuere Erziehungsart, in: Jahrbuch für die Menschheit oder Beyträge zur Beförderung häuslicher Erziehung, häuslicher Glückseligkeit und politischer Menschenkenntniß, herausgegeben von Friedrich Burchard Beneken, Bd. 2 (1788), 1. Brief S. 229-240, 2. Brief S. 343-364, 3. Brief S. 285-295
– Etwas über Pedanterey, in: Jahrbuch für die Menschheit oder Beyträge zur Beförderung häuslicher Erziehung, häuslicher Glückseligkeit und politischer Menschenkenntniß, herausgegeben von Friedrich Burchard Beneken, Bd. 1 (1789), S. 120-143
– Ueber den Umgang mit Menschen, Hannover ³1790
– Benjamin Noldmann's Geschichte der Aufklärung in Abyssinien, oder Nachricht von seinem und seines Herrn Vetters Aufenthalte an dem Hofe des großen Negus, oder Priesters Johannes, zwei Teile, Göttingen 1791
– Des seligen Herrn Etatsraths Samuel Conrad von Schaafskopf hinterlassene Papiere; von seinen Erben herausgegeben, Breslau 1792
– Josephs von Wurmbrand, kaiserlich abyssinischen Ex-Ministers, jezzigen Notarii caesarii publici in der Reichsstadt Bopfingen, politisches Glaubensbekenntniß, mit Hinsicht auf die französische Revolution und deren Folgen, Frankfurt/Leipzig 1792
– Briefe, auf einer Reise aus Lothringen nach Niedersachsen geschrieben, Hannover 1792
– Ueber die Ursachen, warum wir vorerst in Teutschland wohl keine gefährliche politische Haupt-Revolution zu erwarten haben, in: Schleswigsches Journal, herausgegeben von August von Hennings, Juli 1793, S. 273-290
– Ueber Schriftsteller und Schriftstellerey, Hannover 1793
– Die Reise nach Braunschweig, ein comischer Roman, zweyte, verbesserte Auflage, Hannover 1794
– Rückblicke auf den, wenn Gott will, für Teutschland nun bald geendigten Krieg. Nebst einigen Erläuterungen, die Pro-

paganda, Jacobiner und Illuminaten betreffend, Coppenhagen 1795
– Manifest einer nicht geheimen, sondern sehr öffentlichen Verbindung ächter Freunde der Wahrheit, Rechtschaffenheit und bürgerlichen Ordnung, an ihre Zeitgenossen, Wien 1795
– Ueber Eigennutz und Undank; Ein Gegenstück zu dem Buche Ueber den Umgang mit Menschen, Leipzig 1796

Zeittafel

1752 Am 16. Oktober wird Knigge auf Gut Bredenbeck bei Hannover geboren. Kindheit und standesgemäße Erziehung bei Privatlehrern.
1763 Tod der Mutter.
1766 Knigges Vater stirbt. Dem Sohn hinterläßt er einen Schuldenberg von einhunderttausend Reichstalern. Gläubiger übernehmen die Güter. In Hannover erhält Knigge bei dem Kammersekretär Augspurg weiteren Privatunterricht.
1769 Im Oktober wird Knigge an der Göttinger Universität immatrikuliert und studiert Jurisprudenz sowie Kameralwissenschaften. Der junge Student wohnt im Haus des Verlegers Johann Christian Dietrich und ist Nachbar von Georg Christoph Lichtenberg.
1770 Beim Landgrafen Friedrich II. am Hessischen Hof zu Kassel wird Knigge zum Hofjunker und Kammerassessor ernannt. Der Landgraf bewilligt ihm einen eineinhalbjährigen Urlaub, den Knigge zur Fortsetzung seiner Studien und zu Reisen durch Deutschland nutzt.
1772 Antritt seiner Ämter in Kassel.
1773 Heirat mit Henriette von Baumbach, deren Güter in Nentershausen bei Kassel liegen. Am 20. Februar tritt Knigge dem Freimaurerbund in der Loge *Zum gekrönten Löwen* bei.
1774 Knigge übernimmt die Direktion der hessischen Tabaksfabrik und wird Mitglied der Gesellschaft zur Beförderung des Ackerbaus in Hessen.
1775 Am 25. Februar Geburt der einzigen Tochter Philippine.
Knigge nimmt seinen Abschied in Kassel und hält sich auf Gut Nentershausen auf. Erste schriftstellerische Arbeiten und Kompositionen. Vergebliche Bemühung um eine Anstellung am Hofe Friedrich II. in Berlin.
1776 Der Herzog Carl August von Sachsen Weimar verleiht

Knigge den Kammerherrntitel. Eine erhoffte Anstellung am Weimarer Hof zerschlägt sich.

1777 Knigge am Hofe zu Hanau-Philippsthal, allerdings ohne feste Anstellung.

1778 Knigges erste Schrift *Allgemeines System für das Volk zur Grundlage aller Erkenntnisse* erscheint. Teilnahme am Freimaurerkonvent in Braunschweig und Wolfenbüttel.

1779 In Hanau erscheint ein erster Band mit Theaterstükken.

Knigge wird Rezensent der *Allgemeinen Deutschen Bibliothek*, die Friedrich Nicolai in Berlin herausgibt. Bis zu seinem Tod liefert Knigge für dieses wichtige Publikationsorgan der Aufklärung nahezu 1200 Rezensionen.

1780 Ein zweiter Band mit Theaterstücken erscheint.

Knigge läßt sich in Frankfurt am Main nieder (bis 1783). Angeworben von dem Marquis von Costanzo schließt er sich als Mitglied dem Illuminatenorden an und nimmt den Ordensnamen *Philo* nach dem jüdisch-hellenistischen Aufklärer der Antike an.

1781 Von Frankfurt aus Reisen in die Pfalz. In Ingolstadt erstes Treffen mit Adam Weishaupt, Professor des Natur- und Kirchenrechts sowie Gründer des Illuminatenordens. Knigges erste Illuminatenschrift *Über Jesuiten, Freymaurer und deutsche Rosencreutzer* sowie der erste Band von *Der Roman meines Lebens* erscheinen.

1782 Teilnahme am Freimaurerkonvent in Wilhelmsbad. Rege Reisetätigkeit in Ordensangelegenheiten.

1783 Nach Trennung von Weishaupt Übersiedlung nach Heidelberg. Tätigkeit als freier Schriftsteller und Theaterautor. *Geschichte Peter Clausens* (bis 1785 3 Teile), *Sechs Predigten gegen Despotismus*.

1784 Am 14. April trifft Knigge in Mannheim anläßlich der Aufführung von *Kabale und Liebe* mit Schiller zusammen.

Offizieller Austritt aus dem Illuminatenorden.

1785 Es erscheinen *Sechs Predigten über Demuth, Sanft-*

muth, Seelenfrieden, Gebeth, Wohlthätigkeit und Toleranz und das *Journal aus Urfstädt* (1.-3. Stück).

1786 Knigge verläßt Heidelberg und verbringt den Winter in Nentershausen. *Beytrag zur neuesten Geschichte des Freymaurerordens in neun Gesprächen.*

1787 Im Frühjahr kehrt Knigge mit seiner Familie nach Hannover zurück, um die verlorenen Güter wieder in seinen Besitz zu bringen. *Die Verirrungen des Philosophen oder Geschichte Ludwig von Seelberg.*

1788 Im März erscheint in Hannover der erste Band seines Werkes *Über den Umgang mit Menschen.* Im gleichen Jahr kommt bereits die zweite Auflage heraus. Ferner: *Sechs Predigten über Trost im Leiden, Bezähmung der Leidenschaften, gute Werke, Verläumdung, Bibelstudium und Schmeicheley, Philo's endliche Erklärung und Antwort* ..., die Parodie auf Johann Georg Zimmermann *Ueber Friedrich Wilhelm den Liebreichen und meine Unterredung mit Ihm* sowie *Dramaturgische Blätter*, 1.-3. Quartal.

Knigge tritt der von Karl Friedrich Bahrdt gegründeten *Deutschen Union* bei.

Er erlebt den Ballonaufstieg François Blanchards, der 1785 als erster den Ärmelkanal überquerte. Dadurch Anregung zur *Reise nach Braunschweig*, die 1792 erscheint.

1789 Auseinandersetzung mit Johann Heinrich Campe in Braunschweig über pädagogische Fragen. Knigge veröffentlicht *Briefe über die neuere Erziehungsart* und *Die Geschichte des armen Herrn Mildenburg* (bis 1790 3 Teile). Aufenthalt in verschiedenen Badeorten (Detmold und Meyenberg).

1790 Die dritte Auflage des *Umgang* erscheint. Knigge übersetzt aus dem Französischen Rousseaus *Bekenntnisse* (2. Teil).

Am 14. Juli: in Hamburg im Hause des Kaufmanns Georg Heinrich Sieveking gemeinsam mit Klopstock Teilnahme an einem Freiheitsfest zu Ehren der Französischen Revolution.

1790 Knigge nimmt in Bremen als Oberhauptmann und Scholarch seine Amtsgeschäfte auf. Beginn der schweren Krankheit.

1791 Es erscheinen der Staatsroman *Benjamin Noldmann Geschichte der Aufklärung in Abyssinien* und *Das Zauberschloß oder Geschichte des Grafen Tunger*. Knigge beteiligt sich in Bremen an der Gründung eines Liebhabertheaters.

1792 Beginn des Konflikts mit dem reaktionären Hofrat Johann Georg Zimmermann.

Knigge publiziert die Satire *Des seligen Herrn Etatsraths Samuel Conrad von Schaafskopf hinterlassene Papiere* und die politische Programmschrift *Josephs von Wurmbrand politisches Glaubensbekenntnis*. Die letzte Schrift trägt Knigge einen scharfen Verweis seiner vorgesetzten hannoverschen Regierung ein.

1793 Knigge publiziert seine Poetik *Über Schriftsteller und Schriftstellerey* sowie die *Briefe, auf einer Reise aus Lothringen nach Niedersachsen geschrieben*.

1794 Es erscheint die *Geschichte des Amtsraths Gutmann*.

1795 Knigge wird auf Anordnung von Georg III., seit 1760 König von Großbritannien und Herzog zu Braunschweig-Lüneburg, aus Furcht vor aufrührerischer Tätigkeit nach Stade verbannt. Höhepunkt der Schikanen und Verfolgungsmaßnahmen gegen ihn.

Knigge gibt die auf Johann Caspar Lavater gemünzte Parodie *Reise nach Fritzlar im Sommer 1794*, die *Rückblicke auf den, wenn Gott will, für Teutschland nun bald geendigten Krieg* sowie das *Manifest einer nicht geheimen, sondern sehr öffentlichen Verbindung* heraus. Knigge plant eine Reise durch Deutschland, in deren Verlauf er Wieland, Herder und Gleim zu treffen hofft.

1796 *Über Eigennutz und Undank*.

Tod am 6. Mai. Bestattung im Bremer Dom.